METODOLOGIAS ATIVAS
DESENVOLVENDO AULAS ATIVAS PARA UMA APRENDIZAGEM SIGNIFICATIVA

METODOLOGIAS ATIVAS
DESENVOLVENDO AULAS ATIVAS PARA UMA APRENDIZAGEM SIGNIFICATIVA

ANA PAULA SEFTON
MARCOS EVANDRO GALINI

Freitas Bastos Editora

Copyright © 2023 by Ana Paula Sefton e Marcos Evandro Galini.

Todos os direitos reservados e protegidos pela Lei 9.610, de 19.2.1998. É proibida a reprodução total ou parcial, por quaisquer meios, bem como a produção de apostilas, sem autorização prévia, por escrito, da Editora.

Direitos exclusivos da edição e distribuição em língua portuguesa:

Maria Augusta Delgado Livraria, Distribuidora e Editora

Editor: *Isaac D. Abulafia*
Diagramação e Capa: *Luiz Cláudio de Melo*

Dados Internacionais de Catalogação na Publicação (CIP) de acordo com ISBD

```
S543m    Sefton, Ana Paula
            Metodologias Ativas: desenvolvendo aulas ativas
         para uma aprendizagem significativa / Ana Paula
         Sefton, Marcos Evandro Galini. - Rio de Janeiro,RJ:
         Freitas Bastos, 2023.
            152 p. : 15,5cm x 23cm.
            ISBN: 978-65-5675-216-7
            1. Educação. 2. Metodologias Ativas.
         3. Aprendizagem significativa. I. Galini, Marcos
         Evandro. II. Título.

         2022-3021                                    CDD 370
                                                      CDU 37
```

Elaborado por Vagner Rodolfo da Silva – CRB-8/9410

Índices para catálogo sistemático:
1. Educação   370
2. Educação   37

Freitas Bastos Editora
atendimento@freitasbastos.com
www.freitasbastos.com

Autores/as

Prof. Me. Marcos Evandro Galini
Graduado em Pedagogia e mestre em Educação pela Universidade de São Paulo. Pós-graduado em Planejamento, Gestão e Implementação de EAD pela Universidade Federal Fluminense e pós-graduado em Design Instrucional pela Universidade Federal de Itajubá. Atualmente é especialista pedagógico na Beneficência Portuguesa (BP). Foi Supervisor de Mediadores na Universidade Virtual do Estado de São Paulo (UNIVESP), Coordenador EAD e Pedagogia da Faculdade Campos Salles e ETEP, Gestor de Projetos Educacionais da Fundação Carlos Vanzolini (FCaV), Coordenador Pedagógico da SOMOS Educação, Consultor Educacional do SEBRAE/SP e Gerente de Avaliação e Relações Institucionais da Alfabetização Solidária. Docente em disciplinas de cursos de pedagogia e formação de professores na Faculdade Anhanguera, FATEC/SP, Universidade Anhembi Morumbi, Faculdade Metropolitana de Caieiras e Centro Universitário Belas Artes, atuou como tutor e coordenador de tutores na Fundação Vanzolini. Coautor do livro "Gestão Educacional Transformadora: guia sobre intraempreendedorismo, estratégia e inovação" (CRV, 2020) e "Metodologias Ativas" (Freitas Bastos, 2022), e produtor de materiais didáticos para cursos técnicos, graduação e pós-graduação em diversas instituições.
Currículo Lattes disponível em: http://lattes.cnpq.br/9520441278837783

Profa. Dra. Ana Paula Sefton
Possui Graduação em Pedagogia e Mestrado em Educação, ambos pela Universidade Federal do Rio Grande do Sul (UFRGS) e Doutorado em Educação pela Universidade São Paulo (USP). Atualmente é professora de pós-graduação de Educação e Aprendizagem Criativa, pelo Instituto de Educação Continuada da PUC Minas, consultora de Educação pelo Instituto Iungo, com foco na formação de educadores, autora de livros da área da Educação e da Literatura infanto-juvenil. Já atuou como gerente de programas internacionais de educação empreendedora pelo International Entrepreneurship Center (IEC), localizado em Boston, Estados Unidos; como coordenadora de Novos Negócios e Soluções Educacionais para o Ensino Superior, pelo Grupo Saraiva; e como coordenadora, consultora e desenvolvedora educacional, pelo SEBRAE-SP. Também atuou como coordenadora pedagógica e professora escolar da educação básica. É coautora do livro "Gestão Educacional Transformadora: guia sobre intraempreendedorismo, estratégia e inovação" (CRV, 2020) e "Metodologias Ativas" (Freitas Bastos, 2022). É pesquisadora e especialista, atuando principalmente nos seguintes temas: aprendizagem criativa, educação empreendedora, educação sócio emocional, estudos feministas e estudos de diversidade.
Currículo Lattes disponível em: http://lattes.cnpq.br/7104132945024781

Prefácio

Há mais de 30 anos, Charles Bonwell e James Eison escreveram o célebre artigo *"Active learning: creating excitement in the classroom"*. Esse foi um dos marcos para a temática que se desdobrou em produções sobre a aprendizagem ativa e as metodologias ativas de aprendizagem. Desde então, muitas discussões são realizadas em torno do tema e, com o passar de duas décadas do século XXI, o assunto está mais atual do que nunca.

A expansão de uma temática na educação enseja benefícios e desafios para gestores, pesquisadores, professores e estudantes. Por um lado, desperta iniciativas, adapta abordagens a diferentes realidades e amplia o horizonte de possibilidades. Por outro, pode ocorrer uma espécie de esvaziamento do conceito: se tudo é método ativo, o que não seria? E é nesse ponto que o livro dos meus amigos Ana Paula e Marcos se torna necessário.

Este livro é uma obra cuidadosamente apurada em suas ideias e provocações, que articula com maestria os conceitos e as diferentes perspectivas que nos trouxeram até o presente momento. Ao mesmo tempo em que aborda a questão profundamente, é escrito com a simplicidade e a didática que os autores apresentam no seu cotidiano profissional, contribuindo para o melhor entendimento do leitor.

As metodologias ativas são um meio relevante para se atingir objetivos de aprendizagem. Neste livro, os autores escolhem a aprendizagem significativa como orientadora dos objetivos da aplicação de tais metodologias. Entendo que essa escolha deveria nos inspirar cotidianamente, como professores, estudantes e gestores educacionais. Primeiro, por mostrar que nossas escolhas no contexto da educação precisam estar relacionadas a objetivos relevantes e transformadores. Em segundo, porque acredito na relevância da aprendizagem significativa como elemento potencializador de uma educação para a vida.

É na interação destes elementos que compõem o processo de ensino e aprendizagem que se dará ou não a aprendizagem significativa. No prefácio do livro *Psicologia educacional: uma visão cognitiva*,[1] David Ausubel refletiu: "Se eu tivesse que reduzir toda a psicologia educacional a apenas um princípio, eu diria o seguinte: O fator mais importante que influencia a aprendizagem é o que o aluno já sabe". Essa declaração destaca a importância do estudante e o papel central do seu conhecimento prévio na sua aprendizagem.

---

[1] Ausubel D., (1968), Educational Psychology: A Cognitive View, Holt, Rinehart, and Winston: New York.

Dessa forma, Ausubel[2] distinguiu a aprendizagem mecânica da significativa, destacando também a relevância do material utilizado e o papel do aluno. A aprendizagem mecânica ocorre quando o estudante memoriza as novas informações, sem relacioná-las com o conhecimento prévio ou quando o material não tem relação com tal conhecimento. Ainda que a aprendizagem por memorização tenha pontos positivos, como o fato de que nela não existem equívocos conceituais, ela é insuficiente para gerar uma aprendizagem que permita ao estudante intervir em sua realidade e aplicar os conhecimentos aprendidos.

Já na aprendizagem significativa são necessários a escolha do estudante em aprender de modo significativo, ou seja, procurando por conexões em vez de adotar o padrão mecânico da memorização; e a riqueza do material a ser aprendido, que deve ser conceitualmente claro e apresentado com linguagem e exemplos relacionáveis com o conhecimento anterior do aprendiz, pois assim lhe trará o sentido do mundo. Esse é um dos pontos em que as metodologias ativas podem exercer papel decisivo na promoção de um aprendizado significativo.

E o professor nesse contexto? No âmbito da aprendizagem significativa, o papel do professor também é outro, ele se torna um ativador e facilitador do processo, ou seja, é quem oferece materiais e estratégias significativas para que o estudante aprenda.

Talvez isso não seja novidade para você, que assume tal responsabilidade e busca continuamente meios para instigar os estudantes a aprender significativamente. Ainda assim, creio que esse seja um desafio perene, que aumenta em proporções com as questões geracionais, o papel da tecnologia, perfis comportamentais e todos os outros aspectos que compõem a relação ensino e aprendizagem. Mesmo com esforço, preparo e dedicação, educadores podem no máximo bater à porta da aprendizagem significativa. Quem escolhe abri-la ou não é o estudante. Por isso, quanto melhor preparados estão os educadores, maiores as possibilidades de abertura dessas que são as portas para um futuro melhor.

Como conhecedores desse cenário, assim como da mentalidade educadora, os autores parecem ler a nossa mente em muitos argumentos e lançam provocações ao longo da escrita que nos fazem sentir estar em uma agradável roda de discussão. E por falar em conversar, estou certo que você, que é professor ou professora, apreciará a conversa franca e conceitualmente adequada entre diferentes perspectivas, montando uma conexão entre distintos paradigmas, mas compreendendo sua essência e contribuição.

---

[2] Ausubel, D. P. (2000) The acquisition and retention of knowledge. Dordrecht: Kluwer.

Ao longo da leitura, espero que você, assim como eu, mergulhe nos "diálogos e reflexões", utilize o "diário de bordo", explore o "saiba mais" e tire o máximo de proveito das dicas partilhadas pelos autores. Ao final, você perceberá que escrevemos o livro em conjunto, ou seja, sem que percebamos, a Ana e o Marcos nos chamam para ser coautores. A transpor as páginas de reflexão e ação para o nosso cotidiano de educadores. Espero que você adote esse livro como uma obra a ser lida e relida conforme nos confrontamos com os desafios e as possibilidades da prática educadora.

João Paulo Bittencourt
Gerente de Ensino Superior
Sociedade Beneficente Israelita Brasileira Albert Einstein

Sumário

Autores/as 5
Prefácio 7
Introdução 13
Capítulo I – Metodologias Ativas: estratégias de aprendizagem e os paradigmas educacionais 15
   I.I O que são Metodologias Ativas? 15
   I.II A urgência de problematizar e transformar paradigmas educacionais 24
   I.III Resumo 31
Capítulo II – Metodologias ativas e a busca de uma experiência significativa de aprendizagem 32
   II.I Visão sistêmica sobre a aprendizagem significativa e o ensino adaptativo 32
   II.II Aprendizagem Significativa: o que os Pilares da Educação da UNESCO e a Base Nacional Comum Curricular – BNCC – têm a contribuir 40
   II.III Avaliação formativa 47
   II.IV Resumo 61
Capítulo III - Professor/a Ativador/a: competências do/a educador/a do século XXI 63
   III.I Competências do/a educador/a 63
   III.II Perfis do/a professor/a ativador/a 72
   III.III Resumo 75
Capítulo IV – Metodologias Ativas: métodos e ferramentas ativas de aprendizagem 76
   IV.I Repositório de metodologias ativas 77
   IV.II. Ensino híbrido e metodologias ativas 93
   IV.III. Contribuições extras para a área da Educação: novas tendências educativas 96
   IV.IV Resumo 115
Capítulo V - Mapa de Planejamento das Metodologias Ativas para cada nível/segmento de ensino 116
   V.I. Mapa de planejamento de Metodologias Ativas – Educação Infantil 116
   V.II. Mapa de planejamento de Metodologias Ativas – Ensino Fundamental 122
   V.III. Mapa de planejamento de Metodologias Ativas – Ensino Médio 129
   V.IV. Mapa de planejamento de Metodologias Ativas – Educação Superior 136
Conclusão 141
Referências 144
Anexos 149

Introdução

No campo educacional, seguimos com muitos desafios em proporcionar uma prática educativa voltada para a experiência significativa dos/as estudantes. Em diferentes realidades sociais e culturais, bem como em distintos segmentos de ensino, seja da educação infantil à educação superior, é bem verdade que a Educação segue sendo desvalorizada do ponto de vista econômico, cultural e social. O peso de antigos paradigmas educacionais, a falta de investimentos e reconhecimento de profissionais, as mudanças tecnológicas na sociedade e, além disso, a experiência de uma pandemia recente, tendem a aumentar os obstáculos neste cenário.

E, frente a isso, lhe perguntamos, caro/a leitor/a, você é do time que lamenta esta realidade? Ou é do time de quem busca oportunidades de mudança em meio a situações desfavoráveis e desafiadoras?

Sendo você um/a educador/a, ousamos afirmar que você fará parte do time da transformação. E, com esta inferência, trazemos o conceito deste livro. O propósito desta obra é provocar reflexões e, principalmente, dialogar sobre a ação criativa e ativa das práticas pedagógicas, acolhendo os desafios e as sobrecargas da docência e das demandas socioemocionais atuais.

Você gostaria de desenvolver aulas ativas com foco em uma aprendizagem significativa e sob as bases das metodologias ativas? Siga o fio deste livro. Este é um guia que vai dialogar sobre as premissas das metodologias ativas, problematizar antigos paradigmas educacionais, trazer novas lentes sobre os perfis do/a educador/a e do desenvolvimento de competências, além de ampliar as práticas embasadas em uma aprendizagem significativa e colaborativa e de uma experiência focada no/a estudante, abordando ferramentas e métodos que lhe auxiliarão nessa trajetória.

Com uma linguagem dialógica, que busca conversar com você, leitor/a, provocaremos a reflexão sobre a sua prática docente e sobre suas experiências profissionais no âmbito educacional. Ainda, o livro apresentará destaques, como "diálogos e reflexões", "diário de bordo", "saiba mais" e "dicas" que permitirão uma análise contextualizada das práticas de metodologias ativas na educação. Para esta interação dialógica, e com fins de aplicabilidade na sua realidade educacional, seria também interessante você anotar e destacar ideias, questionamentos e conexões que favoreçam este percurso formativo de leitura, por isso propomos que faça um diário de bordo desta leitura.

Além disso, temos uma surpresa neste livro! No último capítulo, compartilharemos uma ferramenta muito especial: um mapa de planejamento de metodologias ativas, atrelado à BNCC e outras diretrizes educacionais, para você usar nos seus projetos e nas suas aulas, ou melhor, antes, durante e depois deles/delas.

Apresentaremos um modelo de <u>mapa de planejamento de metodologias ativas</u> para cada segmento de ensino: esta ferramenta é visual e super prática para incrementar sua visão sistêmica e lembrar-se de várias peças importantes neste quebra cabeça que é planejar uma prática educativa embasada em metodologias ativas e diretrizes atuais da Educação. Quer saber mais? Vire a página e faça parte desta transformação!

Capítulo I – Metodologias Ativas: estratégias de aprendizagem e os paradigmas educacionais

Neste capítulo de abertura do livro, você será convidado/a a refletir e a dialogar sobre o que de fato são metodologias ativas, bem como considerar a correlação destas com a busca de um olhar crítico frente a paradigmas educacionais vigentes em nossa sociedade.

1.1 O que são Metodologias Ativas?

A Educação vem passando por grandes transformações e as instituições de ensino estão sendo intimadas a repensarem suas práticas de ensino e metodologias de aprendizagem. Neste sentido, as metodologias ativas estão alinhadas com a educação na contemporaneidade e vêm sendo impulsionadas em conjunto as novas práticas, mediadas pelo uso de tecnologias, mas não se limitando a elas.

As metodologias ativas consideram as intencionalidades educacionais e as estratégias pedagógicas que, por sua vez, priorizam o/a estudante não só no centro do processo, como também atuante e protagonista da sua experiência educativa, com o propósito de gerar um cenário de ensino-aprendizagem mais significativo, eficiente e eficaz.

Neste sentido, embora o termo seja de certa forma recente, as metodologias ativas acenam mais para um conceito sobre o fazer pedagógico que propriamente o uso de diferentes métodos em sala de aula. Dito de outra forma, as metodologias ativas estão diretamente ligadas a um campo de estudo sobre as práticas educacionais que, por sua vez, estão atreladas a paradigmas educacionais.

Os pilares que embasam as metodologias ativas (aprendizagem centrada no/a estudante; com protagonismo das próprias construções de conhecimentos e experiências, de forma contextualizada, personalizada e significativa) são convergentes, em certa medida, com estudos anteriores do campo da Educação, datados dos séculos XIX e XX.

Destacamos que é importante considerar o tempo e a realidade em que estudos anteriores foram desenvolvidos, bem como a pertinência de críticas e problematizações fundamentais a quaisquer teorias e perspectivas educacionais. O que está em jogo aqui é ponderar que várias ações e pensamentos que embasam atualmente as metodologias ativas foram incorporados e/ou (re)criados com a participação de conhecimentos e discussões prévios do campo educacional. Vejamos algumas proximidades a seguir.

Profissionais da área da Educação já devem ter ouvido falar de John Dewey (1859-1952), filósofo norte-americano, que contribuiu para a educação progressista e escolanovista. Sua perspectiva considera a importância de aproximar a teoria e prática, o que engloba a reflexão e a ação, a experimentação, a resolução de problemas, bem como propostas significativas e a interação com os conhecimentos prévios que o/a estudante seja incentivado/a a compartilhar. Também destaca o processo de aprender a aprender: "*Mais importante ainda é que o ser humano adquire o hábito de aprender. Aprende a aprender*" (DEWEY, 1959, p. 48).[3]

Outra relação possível se apresenta com Maria Montessori (1870-1952), médica psiquiatra e posteriormente também pedagoga, antropóloga e psicóloga italiana, que criou o método montessoriano de educação. Além de ter sido a primeira mulher a se formar em Medicina na Itália, também se destacou com as pesquisas em relação ao processo de aprendizagem de crianças. Inicialmente focou sua abordagem com crianças com síndrome de Down, e depois compreendeu que os resultados de suas pesquisas favoreciam todas as crianças, independente dos seus desafios de aprendizagem. Sob uma perspectiva inicialmente biológica, de etapas de desenvolvimento, defendia também a criança como ser integral e atuante. Dentre as inúmeras contribuições para o campo da educação, destaca-se o processo explorador, autônomo e criativo das crianças, bem como a educação para a vida e não para o acúmulo de informações. O ambiente da escola e das salas de aula também devem ser considerados, sob sua perspectiva, como um espaço próprio de liberdade, de exploração e de protagonismo, tendo a educação pelos sentidos e a educação pelo movimento como fundamentais.

A aprendizagem pela experimentação e a condução da criança no próprio caminho de desenvolvimento também são destaques nos preceitos montessorianos. Conforme Montessori, "*é necessário que o professor oriente a criança sem que esta sinta muito a sua presença, de modo que possa estar sempre pronto para prestar a assistência necessária, mas nunca sendo um obstáculo entre a criança e a sua experiência*".[4]

Jean Piaget (1896-1980), biólogo e psicólogo suíço, conhecido como o fomentador da teoria cognitivista e, posteriormente, da construtivista, centrou seus estudos no desenvolvimento infantil, sobretudo na perspectiva lógico-matemática e nos estágios de desenvolvimento (processos internos) que vão amadurecendo conforme a idade. Destaca que a aprendizagem da criança se dá diferente da aprendizagem do adulto, uma vez que ocorre por meio das descobertas. Dentre seus estudos, portanto, aponta que o conheci-

---

[3] Saiba mais em:
DEWEY, J. *Democracia e Educação* Introdução à filosofia da educação. 3 ed. São Paulo: Companhia Editora Nacional, 1959.
[4] Saiba mais em:
MONTESSORI, Maria. T. A, 1940.

mento deve ser construído pela criança, e não transmitido, incentivando que as crianças criem coisas novas e não aprendam por repetição.[5]

Lev Vygotsky (1896-1934), psicólogo e pensador bielorrusso, direcionava seus estudos para a importância das interações sociais e condições externas no processo de desenvolvimento intelectual das crianças, promovendo os fundamentos da corrente pedagógica socioconstrutivista ou sociointeracionista. Tal visão problematizava a perspectiva piagetiana quanto aos processos (apenas) internos de desenvolvimento, uma vez que pouco considerava as interações. Nesse sentido, os estudos de Vygotsky apontam que o processo de aprendizagem deve ser mediado e, neste caso, o/a professor/a deve ser um/a impulsionador das descobertas e do desenvolvimento do/a estudante.[6]

Celéstin Freinet (1896-1966), pedagogo francês, é identificado como educador da corrente Escola Nova, sendo um dos fundadores da Escola Moderna, um movimento contrário ao ensino tradicional (centrado no/a professor/a) para direcionar a atenção aos/às estudantes. Em seus estudos, defendia uma escola aberta, democrática e convergente à realidade da vida. Também destacava a importância dos interessas das crianças, bem como as práticas de pesquisa, exploração e trabalho colaborativo no processo de aprendizagem.

Foi criador de diversas técnicas, como as aulas-passeio (saídas de campo), os cantos/ambientes pedagógicos, e a comunicação entre escolas, com o objetivo de compartilhar conhecimentos e informações, bem como a autoavaliação, o livro da vida e o estudo do meio (para além da sala de aula). Seria possível destacar também quatro pilares da educação defendida por Freinet: cooperação, comunicação, documentação/registro, e a afetividade/vínculo.[7]

David Paul Ausubel (1918-2008)[8], médico psiquiatra norte-americano, se interessou pelos estudos da aprendizagem, sobretudo sobre Psicologia Educacional, instigado pela própria experiência enquanto estudante, quando não foram levados em consideração sua história de vida (como filho de judeus) e seu conhecimento prévio. Em 1963, ao apresentar sua teoria da aprendizagem significativa, o modelo que vigorava no sistema educacional norte-americano era a abordagem comportamentalista. Sob esta lente, a aprendizagem aconteceria pela influência do meio e o ensino deveria ocorrer por intermédio de um adulto, via estímulos e recompensas, "moldando" o comportamento da criança. Já na proposta de aprendizagem significativa, defendida por Ausubel, a aprendizagem acontece quando se amplia as ideias ou conhecimentos já existentes na

---

[5] Saiba mais em:
PIAGET, Jean. A linguagem e o pensamento da criança. 7. ed. São Paulo: Martins Fontes, 1999.
[6] Saiba mais em:
VYGOTSKY, L. S. *Pensamento e linguagem* São Paulo: Martins Fontes, 2005.
[7] Saiba mais em:
FREINET, Celéstin. Pedagogia do Bom Senso. São Paulo: Martins Fontes,1996.
[8] Saiba mais em:
AUSUBEL, D. P. Aquisição e retenção de conhecimentos. Lisboa: Plátano Edições Técnicas, 2003.

estrutura mental da criança, possibilitando que ela relacione e acesse novos conhecimentos.

Paulo Freire (1921-1997), educador e pensador brasileiro, também conhecido como o propulsor de uma educação crítica, sobretudo no campo de alfabetização de jovens e adultos, ressaltava a importância de atuar com uma educação que tivesse significado para os/as estudantes, que os/as fizessem pensar criticamente, desenvolver a autonomia e de atuar no coletivo. Os preceitos freirianos também defendem o diálogo como caminho para uma aprendizagem ativa; a busca da superação de desafios, a resolução de problemas e a construção do conhecimento com base em experiências anteriores como fundamentais no processo de aprendizagem.[9]

> **Diálogos e Reflexões**
> Educadores/as anteriores ao próprio John Dewey também apresentavam uma visão educativa na qual o/a estudante estava no centro do processo de aprendizagem, como Johann Heinrich Pestalozzi (1746-1827), pedagogo suíço. Ele fundou várias escolas e nelas experimentava suas práticas educacionais, as quais consideravam o/a estudante como uma "semente" que, "regando" (estimulando), aprenderia novos conhecimentos. Por exemplo, Pestalozzi utilizava o ambiente externo (jardins, bosques) para ensinar os/as estudantes a observarem a natureza e compreender conhecimentos de botânica, dos animais e insetos etc. Para ele, a aprendizagem também deveria ser regulada pelo amor.
> Veja mais em: https://www.youtube.com/watch?v=bYrgfYe8AJE

> E você, destacaria algum outro/a estudioso/a ou alguma outra teoria educacional que tenha seus reflexos na prática das Metodologias Ativas? Anote no seu Diário de Bordo.

Observamos, com estes breves recortes de estudos mais profundos sobre educação e aprendizagem, o quanto os fundamentos das metodologias ativas foram alicerçados em pesquisas e debates complexos e atemporais sobre a prática educativa.

Destaques como atrelar teoria e prática, reflexão e ação, bem como promover experimentação, resolução de problemas, propostas significativas e interação com os conhecimentos prévios, busca do aprender a aprender, são claramente pontos fundamentais ao se pensar desenvolver metodologias ativas. Da mesma maneira, o processo de construção do conhecimento pelo/a estudante, a mediação do processo, o/a professor/a como ativador/a deste desenvolvimento, como também o incentivo à autonomia,

---

[9] Saiba mais em:
FREIRE, Paulo. Pedagogia da Autonomia: saberes necessários à prática educativa. São Paulo: Paz e Terra, 1996 (Coleção Leitura).

ao pensamento crítico, à inteligência socioemocional, ao estímulo do diálogo e à atuação coletiva.

Sendo assim, seria apenas continuarmos atuando baseados/as nas metodologias antigas e já existentes do campo da Educação?

Não! Na busca de mudanças e aprimoramentos da prática docente e da experiência de aprendizagem, é importante se abrir para o novo, para o (re)criar, para o experimentar.

Sob esta perspectiva, o campo das metodologias ativas propõe transformações no modo como é compreendido o processo de ensino aprendizagem e as diferentes possibilidades de promover o desenvolvimento de competências, habilidades e conhecimentos junto aos/a estudantes, considerando o protagonismo e a personalização das trajetórias de aprendizagem. E um fazer docente que ative e promova, por meio da intencionalidade pedagógica, uma experiência de aprendizagem significativa.

Assim, as metodologias ativas estão embasadas em:

Figura 1 - Premissas das metodologias ativas

Premissas das Metodologias Ativas
parte I

Repensar Educacional
Demonstrar abertura para um repensar educacional com foco em uma prática docente transformadora

Intencionalidade Pedagógica
Ter consciência da intencionalidade pedagógica e dos objetivos a serem alcançados

Personalização da aprendizagem
Propor momentos individuais e momentos coletivos da experiência
de aprendizagem, de forma a personalizar as formas de aprender, bem como os diferentes tipos de desafios e complexidades

Múltiplas Inteligências e Competências
Considerar as diferentes inteligências e competências, as possibilidades de desenvolvimento dessas, bem como a riqueza de atividades com potencialidades diversas nas equipes

Métodos e atividades focados na experiência
Planejar métodos e atividades que destaquem o significado da experiência que se pretende ofertar aos/às estudantes

Protagonismo e Potencialidades
Realizar uma prática docente que incentive o protagonismo dos/as estudantes e ative o potencial individual e coletivo da turma

Fonte: elaborado pelos autores (2022).

Figura 2 – Premissas das metodologias ativas – parte II

Premissas das Metodologias Ativas
parte II

Pensamento Crítico e Visão Sistêmica
Incentivar o desenvolvimento do pensamento crítico e uma visão sistêmica e integral do processo de aprendizagem

Processos Criativos e Colaborativos
Propor processos criativos e colaborativos com foco na atuação e na criação de ideias e soluções para perguntas ou problemas complexos e de sua realidade

Professor/a Ativador/a
A postura do/a professor/a é de guiar e mediar, por isso é importante que seja um/a professor/a ativador/a das potencialidades e das oportunidades de desenvolvimento dos/as discentes, privilegiando que estes/as estejam no centro do processo

Escuta ativa e Comunicação não violenta
Desenvolver uma escuta ativa e uma comunicação não violenta, que considere os interesses, necessidades e a bagagem do/a estudante

Gerenciamento do Tempo
Gerenciar o tempo, incentivar a participação, as explorações, bem como as trocas em pares e em grupos. Observar que o tempo de uma aprendizagem significativa vale muito mais que o tempo-relógio de cada encontro

Avaliação Processual
Criar formas de avaliar o processo, considerando as trajetórias individuais e coletivas, bem como os estilos de aprendizagem

Fonte: elaborado pelos autores (2022).

> **Diálogos e Reflexões**
>
> Em uma conversa sobre metodologias ativas, é comum o/a docente dizer "isso eu já faço em minhas aulas". Ou seja, de uma forma ou de outra, as premissas das metodologias ativas não são estranhas aos/às professores/as. O desafio é, portanto, pensar nelas enquanto uma intencionalidade pedagógica da prática docente, tendo uma visão sistêmica e formativa do processo educativo.

> Reflita: o que eu faço realmente coloca o/a estudante no centro do processo? Eu conheço o perfil, as necessidades e os interesses dos/as estudantes? Como posso aprimorar para garantir uma aprendizagem mais significativa? Anote no seu Diário de Bordo.

Para integrar o percurso deste livro, importante trazermos ao diálogo a frequente conexão entre o conceito de "metodologias ativas" e o conceito de "aprendizagem ativa" ("*active learning*"), este último entendido como uma forma ativa de aprendizagem no campo da Educação. A convergência da aplicação do termo "ativa" é relevante na medida em que pressupõe: a ação, o envolvimento e o protagonismo do/a estudante; e a responsabilidade docente em "ativar" junto aos/às discentes uma prática de aprendizagem que considere os fatores fundamentais para uma aprendizagem eficiente e significativa.

Ambos os conceitos confrontam uma prática educativa passiva, transmissiva e limitante. Embora não sejam sinônimos, tem em comum o foco em uma experiência experimentativa e desenvolvida ativamente junto aos/às estudantes, bem como a propositiva de uma aprendizagem constante e ao longo da vida ("*lifelong learning*").

Até aqui estamos abordando sobre o que são metodologias ativas. E você já parou para refletir sobre o que <u>não</u> seriam metodologias ativas?

Para entendermos um pouco mais sobre o que <u>não</u> se entende por metodologias ativas, acompanhe o infográfico:

Figura 3 - O que não são metodologias ativas

O que NÃO são Metodologias Ativas

- Não é uma receita de bolo e não faz milagres
- Não é usar somente um ou dois métodos repetidamente e da mesma forma todas as aulas
- Não é uma miscelânea de métodos e ferramentas sem propósito pedagógico
- Não é achar que o/a professor/a precisa conhecer todas as ferramentas tecnológicas e métodos atuais para aplicar no ano letivo
- Não é "deixar a aula (e o tempo) te levar" (ações sem intencionalidades)
- Não é achar que o planejamento de metodologias ativas será aplicado sempre como foi planejado
- Não é desconsiderar os conteúdos programáticos para revolucionar a aula
- Não é pensar que não haverá surpresas e desafios no desenvolvimento de metodologias ativas
- Não é usar uma ferramenta ativa, mas no fim esperar que o/a estudante (somente) memorize e descreva algum conteúdo
- Não é acreditar que todos/as estudantes irão experienciar da mesma forma e aprender todos da mesma maneira
- Não é usar práticas e atividades deslocadas da realidade dos/as estudantes
- Não é planejar uma aula e o uso de ferramentas e métodos sem considerar a necessidade e os interesses individuais e coletivos
- Não é pensar que a aula presencial não pode ter ferramentas de metodologias ativas
- Não é praticar metodologias ativas e querer avaliar o individual e o coletivo de forma padronizada, focada somente no resultado e não no processo
- Não é pensar que as metodologias ativas somente acontecem com alguma ferramenta tecnológica
- Não é pensar que os/as estudantes não possam contribuir para o desenvolvimento, inclusive do planejamento e da avaliação processual
- Não é pensar que aplicar o mesmo planejamento para qualquer grupo resultará nas mesmas experiências de aprendizagem
- Não é achar que pequenas mudanças na prática pedagógica não possam trazer significativas experiências de aprendizagem

Fonte: elaborado pelos autores (2022).

Diálogos e Reflexões

Sabemos que esta lista do que "não" são metodologias ativas seria bem mais extensa da que expomos aqui.

> O que você pensa ser ou não ser metodologias ativas nas práticas educativas? Como você, enquanto professor/a e educador/a, está compreendendo e experimentando as metodologias ativas em sala de aula? Anote no seu Diário de Bordo.

Para entendermos um pouco mais o porquê de muitas dúvidas sobre o que são, como desenvolver e como acompanhar os processos de aprendizagem, sob a perspectiva de metodologias ativas, é importante dialogarmos sobre paradigmas educacionais.

I.II A URGÊNCIA DE PROBLEMATIZAR E TRANSFORMAR PARADIGMAS EDUCACIONAIS

A urgência é um convite para reformular os paradigmas educacionais tradicionais, dominantes no campo da Educação e que definem, no limite, o que se entendem por processos de ensino e aprendizagem. É um convite árduo, complexo e desafiador, porém fundamental. Se, enquanto professores/as e educadores/as, desejamos encontrar a conexão entre metodologias ativas e a experiência significativa dos/as estudantes, é necessário transformar a cultura educacional e social no que diz respeito aos propósitos educacionais. E qualquer mudança de cultura não é da noite para o dia. Leva tempo, um passo por vez, às vezes uma atuação mais solitária, e muitas outras uma atuação coletiva e colaborativa.

Um pensamento que auxilia neste percurso é compreender o conceito de complexidade, de Edgar Morin, antropólogo, sociólogo e filósofo francês[10]. O termo "complexo" advém do latim e significa o que é tecido junto, é a ideia da religação dos diversos tipos de pensamento. E se pensarmos a Complexidade, de Morin, na Educação[11], essa se coloca na religação dos saberes, uma vez que o pensamento complexo religa os diferentes tipos de pensamento. Um exemplo prático seria pensarmos na transdisciplinaridade, ou seja, o conhecimento não deve ficar isolado e, sim, deve se organizar e ser desenvolvido em conexões, além da premissa de fazer sentido para a experiência dos/as estudantes.

---

[10] Saiba mais:
MORIN, Edgar. Introdução ao pensamento complexo. Porto Alegre: Sulina, 2007.
MORIN, Edgar. Os Sete Saberes Necessários à Educação do Futuro. 3ª ed. São Paulo: Cortez, Brasília, 2001.
MORIN, Edgar. Os limites do conhecimento na globalização. Fronteiras do Pensamento, 2014. Disponível em: https://www.youtube.com/watch?v=_FmdI-UFW1U
MORIN, Edgar. O Caminho para o futuro da humanidade. Conferência parte I. Fronteiras do Pensamento, 2014. Disponível em: https://www.youtube.com/watch?v=VmFB9Vcac1U

[11] Petraglia, Izabel. Pensadores na Educação: Morin, pensamento complexo e transdisciplinaridade. Instituto Claro, 2020. Disponível em https://www.youtube.com/watch?v=WXm029AiSqU

Outra contribuição pertinente é a de Rafael Yus (2002), doutor em Ciências e pesquisador espanhol. Ele acredita que, além da Educação para o século XXI exigir a prática de uma educação integral e sistêmica, que perceba o indivíduo em diferentes dimensões, como a física, mental, emocional e espiritual, também defende a prática de temas transversais no currículo educacional.

Para o autor, paradigma é "*um conjunto de regras que define qual deve ser o comportamento e a maneira de resolver problemas dentro de alguns limites definidos para que possa ter êxito*" (YUS, 2002:25). Destaque para as determinantes de comportamento vinculados a um paradigma. O modo de ensinar e de se aprender muitas vezes fica preso às normativas de um determinado paradigma dominante.

Para fins deste diálogo, portanto, consideraremos os paradigmas educacionais tradicionais como modelos, padrões e normas seguidos década após década, e que são limitantes das experiências de aprendizagens de estudantes. Se pensarmos em grandes instituições sociais, como a escola, vemos que há séculos ela não é de fato "reformulada" e não tem acompanhado as necessidades, demandas, interesses, tampouco as potencialidades de transformações, passíveis de serem realizadas por seus/suas agentes diretos: estudantes, professores/as, gestores/as, lideranças e demais educadores/as.

Encontramos muitas iniciativas positivas de tais transformações no Brasil e no mundo, mas em linhas gerais há ainda um número significativo de profissionais da área da Educação e do público leigo em geral, que continuam achando "normais" algumas práticas, e reforçam, por vezes, uma ambiência para a manutenção de alguns paradigmas. Mesas/carteiras estudantis uma atrás da outra, prática de fila para entrar e sair dos espaços, aulas realizadas prioritariamente em ambientes internos e "controlados", áreas de conhecimento e disciplinas segmentadas; professor/a transmissor/a de conhecimento, ensino baseado na ordem, no silêncio e em ameaças, conteúdo ministrado de forma descontextualizada e massiva, estudo com foco no conteúdo de vestibular ou em algum exame externo, avaliações padronizadas, assim como o sucateamento

> Se, enquanto professores/as e educadores/as, desejamos encontrar a conexão entre metodologias ativas e a experiência significativa dos/as estudantes, é necessário transformar a cultura educacional e social no que diz respeito aos propósitos educacionais.

> Problematizar os paradigmas educacionais tradicionais perpassa por problematizar a visão que se tem da prática docente, das suas responsabilidades, limitações, direitos e oportunidades. São tais brechas, as oportunidades e o próprio caminho de mudanças.

da profissão docente e da Educação em geral, por parte de governantes e de parte da sociedade, são alguns exemplos dessa ambiência.

Há de se destacar que o sistema de Educação, como o conhecemos, data de mais de 300 anos. Problematizar e encontrar brechas de mudanças são fundamentais se desejamos a transformação. É fato que o advento da Pandemia (iniciada no início de 2020 no mundo e no Brasil), acelerou muitas alterações e urgências em diferentes áreas, inclusive no campo da Educação.

António Nóvoa, pesquisador e doutor da ciência da Educação de Portugal, defende, dentre outras questões: a importância da escola como local público, de convivência e de construção das experiências; o/a professor/a como mediador/a e orientador/a de tais experiências, a necessidade da formação continuada de educadores/as e do reconhecimento da profissão como fundamental em uma sociedade. Quanto às rápidas e necessárias ações para manter minimamente a educação de estudantes durante a pandemia, especialmente em seu início, Nóvoa destaca[12]:

> É preciso reconhecer os esforços para manter uma ligação com os alunos e com as famílias. Os governos deram respostas frágeis, e as escolas também. As melhores respostas, em todo o mundo, foram dadas por professores que, em colaboração uns com os outros e com as famílias, conseguiram pôr de pé estratégias pedagógicas significativas para este tempo tão difícil. Um autor francês, Alain Bouvier, chega mesmo a afirmar que os professores salvaram a escola. Este é, talvez, o aspecto mais positivo de tudo o que se está a passar, pois reforça a profissão docente e o seu reconhecimento social e abre novas perspectivas de futuro. (2020:8-9).

Problematizar os paradigmas educacionais tradicionais perpassa por problematizar a visão que se tem da prática docente, das suas responsabilidades, limitações, direitos e oportunidades. E são tais brechas, as oportunidades, o próprio caminho de mudanças. Portanto, não há mais volta pós-pandemia, sendo professores/as os/as fundamentais agentes de transformação.

Os/as professores/as devem ser reconhecidos/as por sua importância e pela busca de melhores ambientes de atuação e de carreira, bem como ter acesso a qualificados cursos de formação inicial e formação continuada. Dentre os aspectos necessários da formação continuada e das mudanças educacionais necessárias, se destaca:

> Compreender que, depois da crise, os espaços-tempos escolares devem ser reorganizados, construindo novos ambientes cole-

---

[12] NÓVOA, Antonio. A pandemia de Covid-19 e o futuro da Educação. Entrevista à Revista Com Censo (RCC), #22 • volume 7 • número 3, agosto de 2020. O periódico é vinculado à Secretaria de Estado de Educação do Distrito Federal, Brasil. Disponível em: https://obseducovid19.wordpress.com/2020/09/06/antonio-novoa-a-pandemia-de-covid-19-e-o-futuro-da-educacao/

tivos de aprendizagem (novos ambientes educativos), que sejam também capazes de valorizar a *capilaridade*, isto é, a existência de possibilidades educativas em muitos outros espaços de cultura, de conhecimento e de criação. A inclusão, a diversidade e a cooperação são marcas centrais da metamorfose da escola. (NÓVOA, 2020:8).

Outro ponto crucial da quebra de paradigmas limitantes é conseguir, de fato, colocar o/a estudante no centro de toda e qualquer ação educativa, tais como: na reformulação de matriz curricular, documentos pedagógicos, planejamento de objetivos pedagógicos e aulas, percepção de diferentes inteligências e meios de aprender, desenvolvimento de competências, uso de ferramentas tecnológicas e não tecnológicas, avaliação processual e formativa, dentre outros. Além disso, garantir o acesso à educação a todas as crianças e jovens e, sobretudo, oportunizar uma experiência relevante de aprendizagem. Como diz Nóvoa, *"não há nada novo, mas tudo mudou. Porque os problemas da educação que descobrimos durante a pandemia não são problemas novos, já cá estão há muitos anos. A pandemia obrigou a mudar nossa relação com esses problemas."* (NÓVOA, 2021)[13].

Nesse mesmo sentido, como também destaca Manuel Castells[14], sociólogo e professor espanhol, que analisou a sociedade em rede e as formas relacionais do ensino e aprendizagem de jovens e crianças, *o problema não são as tecnologias (ou outro aspecto), senão a própria Pedagogia*. O autor dialoga sobre o advento digital como uma realidade que traz muitas oportunidades de aprendizagem, de conexão, de inter-relação, criação e transformação.

Castells[15] destaca que os/as jovens vivem em um universo, enquanto instituições escolares e professores/as vivem em outro. Ainda que estejam usando o mundo virtual em comum, a mentalidade é outra, é da era digital. Tanto a forma de aprender quanto as conexões mentais e interações se dão em ordens diferentes. Se, por exemplo, afirmamos que há indícios que alguns/ as jovens não memorizam bem, Castells aponta que há indícios de habilidades destes jovens que recombinam informações diferentes. E essa habilidade é fundamental, uma vez que a recombinação é a base da criatividade:

> A criatividade, ou seja, produzir alguma ideia ou conhecimento novo sobre a base de recombinar o que é antigo, é o mais importante. A criação é o mais importante que há nesta sociedade. (CASTELLS, 2020, s.n.)

---

[13] NÓVOA, António. Aprendizagem precisa considerar o sentir. Revista Educação, 2021. Disponível em: https://revistaeducacao.com.br/2021/06/25/antonio-novoa-aprendizagem-sentir/

[14] Saiba mais em:
CASTELLS, Manuel. A sociedade em Rede São Paulo: Paz e Terra, 1999.
CASTELLS, Manuel. O digital é o novo normal. Fronteiras do Pensamento, 2020. Disponível em https://www.fronteiras.com/artigos/o-digital-e-o-novo-normal

[15] CASTELLS, Manuel. Escola e internet: o mundo da aprendizagem dos jovens. Fronteiras do Pensamento, 2020. Disponível em: https://www.youtube.com/watch?v=J4UUM2E_yFo&t=13s

Bell Hooks, feminista e professora norte-americana, aponta a educação como prática da liberdade e da transgressão, na medida em que faz um convite ao rejuvenescimento das práticas de ensino: *"para pensar e repensar, para criar novas visões, celebro um ensino que permita as transgressões – um movimento contra as fronteiras e para além delas. É esse movimento que transforma a educação na prática da liberdade"* (Hooks, 2013:24)[16]. Tal prática da liberdade, abordada pela autora, é uma forma de ensinar em que todos/a e cada um/a dos estudantes possam aprender, serem participantes ativos/as, serem considerados/as indivíduos complexos e integrais. E isso exige um ambiente de partilha, de acolhimento, de escuta, de confiança, de troca de experiências, de processos colaborativos, de desenvolvimento do pensamento crítico, e de criação individual e coletiva.

Nesse sentido, é possível considerar toda a potencialidade dos/as estudantes, e focar tais possibilidades de desenvolvimento de competências e de construção ativa da sua jornada escolar por meio de uma experiência de aprendizagem significativa, sob a luz de metodologias ativas. E que propicie também um pensar e um fazer crítico e transformador.

Diálogos e Reflexões

Apesar de a pandemia ter impulsionado escolas, professores/as e estudantes a usarem diferentes recursos tecnológicos e estratégias didáticas inovadoras para potencializarem os processos de aprendizagem, também vimos muitos educadores/as e escolas replicando o modelo da aula tradicional presencial para o *online*, com encontros somente expositivos, de duração excessiva, e privilegiando a memorização no processo de avaliação.

Por outro lado, as estratégias didáticas ativas, desenvolvidas no período remoto, foram, por muitos/as, adormecidas no retorno das aulas presenciais, quando se recorreu às antigas práticas educativas, "velhas" conhecidas da nossa zona de conforto.

E para você, como foi a experiência de aulas remotas? Foi possível inovar em algumas práticas? Você atuou de forma colaborativa com seus/as pares? Trocavam ideias e se ajudavam? Quais aprendizagens você tirou desse período?

E no retorno às aulas presenciais, você deu continuidade a alguma prática inovadora? Quais os desafios de desenvolver práticas ativas de aprendizagem de forma presencial? Quais as oportunidades de melhoria e de mais eficiência em práticas ativas no modelo presencial? Quais as oportunidades de transgressões e transformações? Anote no seu diário de bordo.

---

[16] Saiba mais:
Hooks, Bell. Ensinando a transgredir: a educação como prática da liberdade. São Paulo: Editora WMF Martins Fontes, 2013.

Aproveitaremos que estamos no primeiro capítulo deste livro, e traremos duas dicas importantíssimas, que você poderá utilizar em outros momentos da leitura. A primeira delas será sobre como fazer um mapa conceitual e sistêmico do seu Diário de Bordo. E a segunda será sobre como você poderá aprofundar as reflexões pessoais em relação a sua compreensão e prática de metodologias ativas, por meio de uma ferramenta analítica e de autoconhecimento.

Dica para o Diário de Bordo

Esperamos que você já tenha registrado várias ideias, reflexões e provocações em seu Diário de Bordo até aqui. Esses registros, no momento da leitura, podem ser feitos em *post-its*, bloco de notas, cadernos, como você preferir, e tem como objetivo intensificar uma relação dialógica entre o que esta obra traz e o que você precisa e tem interesse em relação às metodologias ativas, conforme o seu contexto.

Um próximo passo do Diário de Bordo seria incrementar as primeiras anotações com outras referências e materiais de apoio, bem como materiais da sua própria prática educacional. Com essa finalidade, sugerimos a ferramenta *online* e gratuita Padlet[17], que funciona como um mural digital e permite organizar as informações de uma maneira mais visual, podendo inclusive ser compartilhado e/ou desenvolvido de forma colaborativa com colegas. Além disso, proporciona uma visão conceitual e sistêmica do seu percurso reflexivo.

Nesta ferramenta, você pode criar alguns "tópicos", de cada capítulo, fazer anotações, relacionar com planejamentos e ideias de práticas da sua realidade pedagógica, vincular links de vídeos, artigos, bem como imagens relacionadas. Uma proposta inicial seria correlacionar as premissas das metodologias ativas com autores/as que apresentaram uma pedagogia progressista, colocando o/a estudante no centro da aprendizagem: Piaget; Vigotski; Freinét, Montessori, Ausubel; Dewey; Paulo Freire; António Nóvoa; Manuel Castells; Bell Hooks etc. Outro destaque seriam as definições do que são e do que não são metodologias ativas; e uma reflexão crítica sobre os paradigmas educacionais, como vimos neste primeiro capítulo.

Dica Mão na Massa (*Hands-on*)

Que tal você fazer uma análise pessoal sobre como você se relaciona com as práticas das metodologias ativas e com os paradigmas educacionais?

Sugerimos a ferramenta SWOT ou análise FOFA (Forças, Oportunidades, Fraquezas e Ameaças), muito utilizada no meio empresarial. Aqui propomos o uso para uma reflexão pessoal, analisando o quanto interna e externamente você está aberto/a para a inovação no uso das metodologias ativas e a quebra de paradigmas educacionais. Vamos nessa?

---

[17] https://pt-br.padlet.com/

> Imagine que para essa análise você fará quatro subseções, sendo duas do ponto de vista do "eu no ambiente interno" (pontos fortes e pontos fracos) e duas do "eu no ambiente externo" (oportunidades e ameaças). Registre sobre sua relação com as práticas das metodologias ativas e com os paradigmas educacionais, seguindo as instruções.
>
> EU NO AMBIENTE INTERNO:
>
> 1. Pontos fortes: competências e habilidades pessoais que permitem o uso das metodologias ativas e a abertura para a quebra de paradigmas;
>
> 2. Pontos fracos: obstáculos a serem enfrentados internamente, que impedem ou dificultam o uso das metodologias ativas e/ou a quebra de paradigmas.
>
> EU NO AMBIENTE EXTERNO:
>
> 3. Oportunidades: oportunidades do ambiente externo que eu posso aproveitar (cursos, formações continuadas, atuações em pares e/ou colaborativas etc.);
>
> 4. Ameaças: obstáculos externos a serem enfrentados por mim que impedem ou dificultam o uso das metodologias ativas e/ou o exercício de problematizar e romper paradigmas.

Figura 4 - Análise FOFA – Pessoal

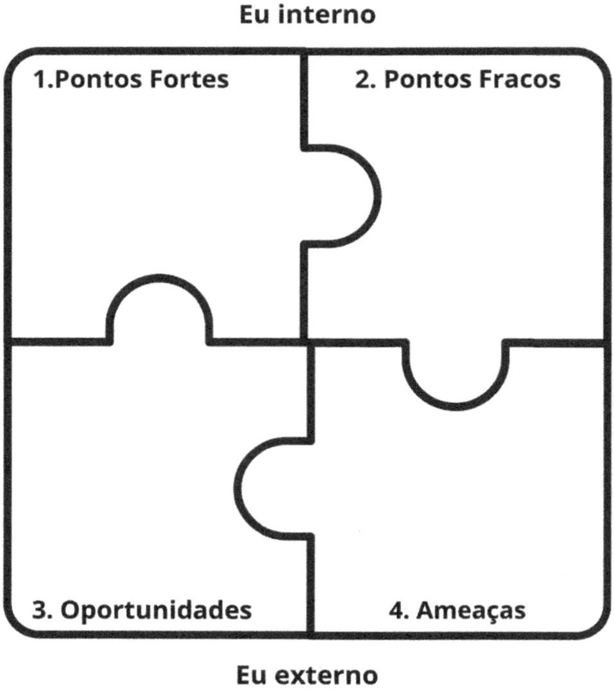

Eu interno

1. Pontos Fortes	2. Pontos Fracos
3. Oportunidades	4. Ameaças

Eu externo

Fonte: SEFTON; GALINI, 2020, p. 133; adaptado pelos autores (2022).

I.III Resumo

Neste primeiro capítulo, abordamos sobre o que são as metodologias ativas e como essas são intrinsecamente vinculadas às intencionalidades pedagógicas mais que a simples aplicação de métodos e ferramentas. Destacamos que colocar o/a estudante como atuante e no centro de todo o processo de aprendizagem, significa considerar suas necessidades, interesses, potencialidades e atuações desde o planejamento pedagógico, aos objetivos e atividades, bem como as interações, processos críticos, criativos, autônomos e colaborativos, como também em relação aos processos avaliativos processuais.

Outro destaque foi a correlação dos pilares das metodologias ativas e linhas de pensamento e pesquisa de estudiosos/as de outros séculos. Desta forma, ressaltamos que, ainda que esteja em voga atualmente o termo "metodologias ativas", seus preceitos foram influenciados por diferentes e atemporais estudos do campo da Educação. E isso traz mais compreensão, inclusive, de que mesmo alguns preceitos antigos serem tão atuais para "fazer o novo", ao mesmo tempo, os alicerces dos paradigmas educacionais tradicionais e arcaicos foram se tornando cada vez mais enraizados durante o tempo. Atrelado a isso, portanto, está a urgência de, ao se propor potencializar a prática de metodologias ativas em sala de aula, também problematizar e desestabilizar tais paradigmas tradicionais, que limitam a experiência de aprendizagem dos/as estudantes.

Este diálogo inicial é uma forma de aquecer as reflexões sobre o que será apresentado no Capítulo a seguir, em relação às metodologias ativas e a busca de uma experiência significativa de aprendizagem.

Capítulo II – Metodologias ativas e a busca de uma experiência significativa de aprendizagem

Neste capítulo trataremos da visão sistêmica das metodologias ativas e as possibilidades que esta nos traz, como a forma individualizada e personalizada do processo de aprendizagem e do ensino adaptativo, inclusive sob a perspectiva de inteligências múltiplas. Frente a um olhar focado na aprendizagem significativa, abordaremos também as contribuições dos pilares da Educação da UNESCO e da Base Nacional Comum Curricular – BNCC. Por último, traremos a Avaliação Formativa como fundamental na experiência de aprendizagem, sob os holofotes das metodologias ativas.

II.I Visão sistêmica sobre a aprendizagem significativa e o ensino adaptativo

A visão sistêmica frente à busca da aprendizagem significativa contribui para que possamos visualizar de forma integral os propósitos, os processos, os resultados esperados e, tão importante quanto, a experiência das pessoas envolvidas (estudantes, professores/as, demais educadores/as e gestores/as).

As pessoas não aprendem da mesma forma e nem no mesmo ritmo. Considerando os diferentes estilos de aprendizagem, uns/umas são mais visuais, outros/as mais auditivos/as, já outros/as são cinestésicos/as e precisam do movimento como meio. Esta é a realidade presente em uma sala de aula. Ou seja, em uma mesma sala temos estudantes com diferentes inteligências, perfis e formas de aprender.

Em geral, o modelo tradicional considera um ensino padronizado, seguindo os mesmos conteúdos e ritmos, e os/as estudantes sendo avaliados da mesma forma. A escola também divide os/as discentes em séries/anos, sem espaço para as trocas entre diferentes idades. Como vimos, é necessário quebrar este paradigma educacional e considerar as transformações que o mundo vem passando, tais como a atuação colaborativa, a interdisciplinaridade e o uso de tecnologia como recurso complementar às intencionalidades pedagógicas.

Trazemos a teoria de inteligências múltiplas para este diálogo, pois consideramos que essa nos instigue a considerar as diferentes formas do aprender. Este conceito foi criado em 1980 por Howard Gardner[18], psicólogo

---

18 Saiba Mais em:
GARDNER, Howard. Inteligências Múltiplas. Artmed: Porto Alegre, 1995.
GARDNER, Howard. Educação no século XXI. Conferência ministrada para Fronteiras do

cognitivo e educacional estadunidense. Ele e sua equipe, pela Universidade de Harvard, pesquisaram sobre a inteligência, buscando compreender o que é/são e como essa/s pode/m ser desenvolvida/s. O principal foco era questionar a ideia de a inteligência ser algo único e desconectado. A equipe realizou análises de grandes gênios da história, com foco na inteligência humana em diferentes áreas, e inicialmente descreveu oito inteligências[19], considerando a possibilidade de interconexão entre elas:

Pensamento, 2009. (parte I). Disponível em: https://www.youtube.com/watch?v=FDCGcekPhss GARDNER, Howard. Educação no século XXI. Conferência ministrada para Fronteiras do Pensamento, 2009. (parte II). Disponível em: https://www.youtube.com/watch?v=SnJwcK7Sqkg

[19] Posteriormente, Gardner acrescentaria uma nova inteligência a Existencial, que permite o indivíduo refletir sobre o seu propósito na vida e sobre a existência humana.

Figura 5 - Inteligências Múltiplas, de Howard Gardner

1. LÓGICA - MATEMÁTICA
capacidade de lidar com os dados numéricos e a lógica, além da facilidade em utilizar fórmulas e números

2. LINGUÍSTICA
capacidade de pensar com palavras e de usar a linguagem para expressar e avaliar significados complexos

3. INTERPESSOAL
capacidade de compreender outras pessoas

4. INTRAPESSOAL
capacidade correlativa, interna, de formar um modelo de si mesmo e usar esse modelo para operar a vida

5. NATURALISTA - ECOLÓGICA
capacidade de perceber a natureza de forma integral e envolver-se com profunda empatia com os mundos vegetal e animal

6. SONORA OU MUSICAL
capacidade e a sensibilidade universal de perceber o ambiente sonoro

7. CINESTÉSICO-CORPORAL
capacidade de controlar os movimentos do corpo e de manusear objetos com habilidade

8. VISUAL - ESPACIAL
capacidade de perceber o mundo visual com precisão, efetuar modificações sobre as percepções iniciais e recriar aspectos da experiência visual mesmo na ausência de estímulos físicos

Fonte: Howard GARDNER, 1995, adaptado pelos autores (2022).

Importante considerar que Gardner defende a existência de habilidades diferentes para cada tipo de atividade, dessa forma, destaca que as pessoas possuem mais de um tipo de inteligência, e estas estão interligadas entre si. Nesta perspectiva, a maneira que se aprende também é diferenciada conforme as inteligências mais desenvolvidas que se possui.

E, mais ainda, essa visão abre um leque de opções sobre as formas de ensinar, se o objetivo é focar em uma aprendizagem significativa e efetiva para os/as estudantes. Há muitas formas de mapear as inteligências individuais de uma turma de estudantes e também de equipes educacionais. E isso pode resultar em subsídios iniciais sobre as estratégias de ensino baseadas em diferentes formas de aprender de cada grupo e cada estudante.[20]

Sob a perspectiva da aprendizagem adaptativa, com os recursos tecnológicos, é possível personalizar as necessidades de aprendizado de cada estudante em sala de aula e promover momentos de criação, discussão, trocas, processos colaborativos e interativos, conforme propósitos das metodologias ativas.

É possível conduzir trilhas de aprendizagem ou sequências de atividades de formação diferenciadas, conforme perfil de inteligências, competências, interesses, formas de aprender, desafios de aprendizagens, bem como diferentes formas de avaliar processualmente os desenvolvimentos individuais. É importante destacar que a condução por trilhas de aprendizagem permite que o/a estudante seja protagonista do processo de construção de conhecimento, escolhendo o melhor caminho para o seu desenvolvimento. Assim, ele/a se torna também responsável pelo seu conhecimento e experiência.

As trilhas de aprendizagem podem ser organizadas para estudantes, mas também para professores/as e demais colaboradores/as da escola, unindo assim, o desenvolvimento de competências, com a satisfação da carreira e maior produtividade no trabalho.

Atividades digitais de conteúdos específicos podem ser adaptadas de acordo com a necessidade de aprendizagem de cada estudante. De forma concomitante, um/a estudante pode seguir avançando em algumas atividades no computador ou *tablet*, enquanto outro/a estudante necessitará da mediação do/a professor/a ou de outro/a colega para avançar nas atividades, garantindo que cada indivíduo aprenda em seu ritmo e conforme suas necessidades.

Sob outra perspectiva, a tecnologia permite escalar o processo de personalização do ensino para turmas com muitos/as estudantes, pois ela consegue organizar dados de necessidade de aprendizagem de cada estu-

---

[20] Saiba mais em:
IDRLabs. Teste de Inteligências Múltiplas, baseado na teoria de Howard Gardner. Disponível em: https://www.idrlabs.com/pt/inteligencias-multiplas/teste.php

dante, criando roteiros ou planos de estudos personalizados (FILATRO, 2019). Um exemplo é a preparação para o exame do ENEM no Ensino Médio, sendo possível, via o uso de programa de computador, identificar as necessidades de aprendizagem de cada discente a partir de um teste inicial de múltipla escolha e apresentar conteúdo ou tópicos específicos (textos e vídeos) para os temas que ele/a necessita aprender e/ou priorizar nos estudos. Esta ação pode ficar ainda mais rica com o uso de inteligência artificial, que aprende com as principais dúvidas dos/as estudantes e pode preparar um ambiente com planos e atividades de aprendizagem adaptadas com esta base de dados.

Há recursos tecnológicos que também permitem identificar outras variáveis do processo de aprendizagem, tais como qual o melhor horário de estudo, o tipo de conteúdo, a abordagem e recursos didáticos que potencializam a aprendizagem individual.

Howard Gardner (2013) pontua duas grandes implicações educativas, advindas de sua pesquisa sobre inteligências múltiplas ao redor do mundo[21]. A primeira dela é a possibilidade de individualizar as experiências de aprendizagem. Ao invés de ensinar a mesma coisa, do mesmo jeito, para todos/as os/as estudantes, é necessário conhecer ao máximo os/as estudantes e, assim, poder definir os melhores meios de ensino, conforme sua forma particular de pensar e de aprender. E nesse caso, as ferramentas tecnológicas contribuem bastante no rol de possibilidades de vivenciar a aprendizagem.

A segunda, diz respeito à oportunidade de pluralizar a aprendizagem, utilizando diferentes ambientes, áreas de conhecimento e métodos para trabalhar um mesmo conceito, interligando saberes e construções de conhecimento. Tudo que for conteúdo fundamental deve ser ensinado de diferentes maneiras, quantas formas forem possíveis, por dois principais motivos: engajar e tornar interessante a aprendizagem, buscando meios e métodos convergentes às inteligências múltiplas e formas de aprender individualizados; e o aspecto de compreensão do conceito de "saber sobre algo", ou seja, se você sabe muito bem sobre algo, é possível saber sobre diferentes ângulos e formas.

Ainda, na linha das inteligências múltiplas para uma aprendizagem eficaz, é necessário considerar os diferentes estilos de aprendizagem que representam como cada pessoa processa, absorve e retém informações. Segundo Mattar (2010, p. 2), "*as pessoas aprendem de diferentes maneiras e o planejamento do ensino baseado nos estilos de aprendizagem dos alunos pode elevar a qualidade do aprendizado*". Um/a estudante pode trazer um ou mais estilos de aprendizagem no contexto da sala de aula e o/a professor/a deve estar atento/a a esta questão.

---

[21] Saiba Mais em:
GARDNER, Howard. Inteligências Múltiplas ao redor do mundo. Artmed: Porto Alegre, 2010.

Vários teóricos abordam os diferentes estilos de aprendizagem, um exemplo é o método VAC (visual, auditivo e cinestésico), desenvolvido por Fernald e Keller e Orton-Gilingham (MATTAR, 2010), e considera que a maioria dos/as estudantes possui um estilo preponderante para aprender os conteúdos das diferentes disciplinas, sendo possível poder ter um equilíbrio em um ou mais estilos de aprendizagem. São eles:

Figura 6 - Método VARC

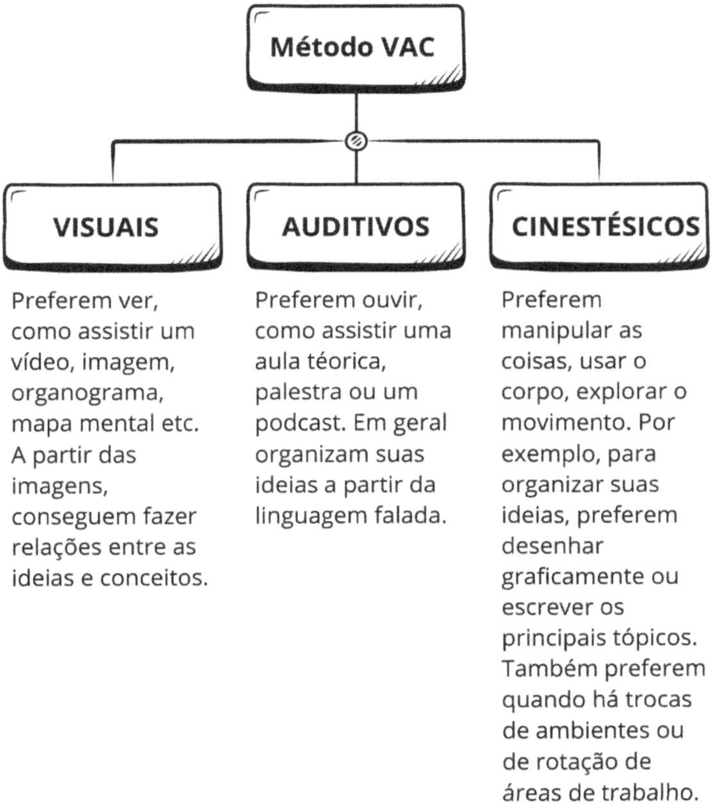

Método VAC

VISUAIS	AUDITIVOS	CINESTÉSICOS
Preferem ver, como assistir um vídeo, imagem, organograma, mapa mental etc. A partir das imagens, conseguem fazer relações entre as ideias e conceitos.	Preferem ouvir, como assistir uma aula téorica, palestra ou um podcast. Em geral organizam suas ideias a partir da linguagem falada.	Preferem manipular as coisas, usar o corpo, explorar o movimento. Por exemplo, para organizar suas ideias, preferem desenhar graficamente ou escrever os principais tópicos. Também preferem quando há trocas de ambientes ou de rotação de áreas de trabalho.

Fonte: MATTAR, 2010, adaptado pelos autores (2022).

Fundamental o/a professor/a mapear os perfis de cada grupo de estudantes e planejar aulas que considerem os diferentes estilos de aprendizagem – visuais, auditivos e cinestésicos. Assim, poderá incluir vídeos, *podcasts*, aulas expositivas, desafios, esquemas gráficos e imagens, estudos de casos, resolução de problemas, desenvolvimento de projetos, ações "mão--na-massa" (*maker*), atividades individuais, em pares, em grupos; aulas em espaços internos, se possível alternando a sala de aula com outros ambientes; inclusive espaços ao ar livre; dentre outras estratégias para contemplar a diversidade de estilos de aprendizagem em sala de aula.

> **Dicas**
>
> Sabia que existem alguns testes que possibilitam identificar o estilo de aprendizagem de cada um/a?
>
> Além do que compartilhamos anteriormente, baseado nos estudos de Howard Gardner, convidamos você a fazer os testes a seguir e verificar se realmente o resultado corresponde ao seu estilo de aprendizagem:
>
> VARK Learn Limited: http://vark-learn.com/questionario/
>
> HONEY E ALONSO:
>
> https://professor.escoladigital.pr.gov.br/sites/professores/arquivos_restritos/files/documento/2019-11/questionario_honey_alonso.pdf

Segundo Gardner, "*a pluralidade de formas significa que você tem entendimento completo sobre alguma coisa*" (2013). Com estas percepções de aplicabilidade da teoria de inteligências múltiplas, Gardner acredita que a experiência de aprendizagem será mais prazerosa, significativa e os/as estudantes poderão desenvolver a habilidade da aprendizagem para a vida e do aprendizado contínuo (*lifelong learning*).[22]

Uma alternativa para o ensino personalizado é construir roteiros de aprendizagem individual. Este roteiro pode ser planejado pelo/a professor/a junto ao/à estudante, de acordo com as necessidades educativas, os objetivos de aprendizagem, os conteúdos a serem trabalhados e os assuntos de interesse, adaptando também ao estilo de aprendizagem de cada estudante. O roteiro de aprendizagem também permite diversificar momentos de estudos individuais, pesquisas e tarefas colaborativas com colegas. Ao final, cada estudante ou grupo apresenta o resultado das aprendizagens adquiridas no desenvolvimento do roteiro e planeja os próximos roteiros e ações. A avaliação é processual, pois a cada momento o/a professor/a vai acompanhando o desenvolvimento por meio das etapas do roteiro e por meio de ferramentas de monitoramento.

---

[22] Howard Gardner. Para cada pessoa, um tipo de educação. Entrevista em vídeo para Fronteiras do Pensamento, 2013. Disponível em: https://www.youtube.com/watch?v=tLHrC1ISPXE

> **Saiba mais**
>
> Conheça a proposta de educação integral e de personalização do ensino do Âncora, transformando jovens em protagonistas do seu próprio aprendizado. A instituição tem uma proposta de desenvolvimento de roteiros de estudos personalizados por estudante. No início das atividades educativas do dia, o/a estudante encontra com o/a tutor/a e elabora em conjunto o planejamento das atividades que irão desenvolver ao longo do dia, organizando os horários de estudo, de lazer e socialização com os/as demais colegas dos projetos sociais.
>
> Conheça mais em: https://www.youtube.com/watch?v=K2VeuxmCfUE&t=20s

O ensino adaptativo possibilita também uma otimização do tempo no processo educativo, pois permite ao/à professor/a identificar uma dúvida do conteúdo e esclarecer a mesma de forma individual ou coletiva, antes que vire um gargalo e prejudique a aprendizagem. Ou, seja, se via monitoramentos realizados após a aula o/a professor/a identifica que a turma não compreendeu determinado conteúdo, ele/a pode tratar deste *"gap"* de aprendizagem em atividades complementares ou construindo um novo roteiro de aprendizagem para a turma. Ou, ainda, fazer com que esta dúvida vire uma proposta de busca e pesquisa individual ou em grupo para compartilhamento futuro dos achados e hipóteses de solução.

> **Dicas**
>
> É possível organizar um ensino de aprendizagem adaptativo usando exercícios, software de diagnósticos e vídeos da Khan Academy, que tem como objetivo *"mudar a educação para melhor, fornecendo educação de alta qualidade para todos, em qualquer lugar"*. Seu lema é *"você pode aprender qualquer coisa"*.
>
> O/A professor/a pode organizar atividades individuais ou coletivas dentro do ambiente da Khan. Você já conhece? Já usou? Em caso afirmativo, como foi sua percepção?
>
> Experimente em: https://pt.khanacademy.org/

Importante ressaltar que a aprendizagem adaptativa destaca o/a estudante como ativo/a e protagonista da própria aprendizagem, pois interage, movimenta e transforma o processo. Em geral, o/a estudante compreende os objetivos, é instigado/a pelas propositivas e pelo significado das mesmas, é convidado/a a criar, a interagir e a construir a sua trilha de aprendizagem, participando muitas vezes também do processo avaliativo das suas conquistas, conforme veremos mais adiante.

O/a professor/a, sob esta perspectiva, atua como orientador/a, mediador/a e ativador/a da aprendizagem, pois vai em busca de conhecer o quanto possa do/a estudante, seus interesses, necessidades de aprendizagem, formas de aprender e possibilidades de ir além. Desta forma, terá mais subsídios para planejar os objetivos pedagógicos individuais que potencializem este processo de personalização e atendam às atividades voltadas para as demandas identificadas no grupo de estudantes.

II.II Aprendizagem Significativa: o que os Pilares da Educação da UNESCO e a Base Nacional Comum Curricular – BNCC – têm a contribuir

O estudioso David Paul Ausubel definiu duas aprendizagens: a mecânica e a significativa. Segundo o pesquisador, na aprendizagem mecânica os conteúdos ficam soltos ou ligados à estrutura mental do/a estudante de forma fraca, pois são atividades que possibilitam a memorização de frases, fórmulas, conceitos, tudo de forma automática, conforme imagem a seguir (MELO; URBANETZ, 2012):

Figura 7 - Tipos de aprendizagem

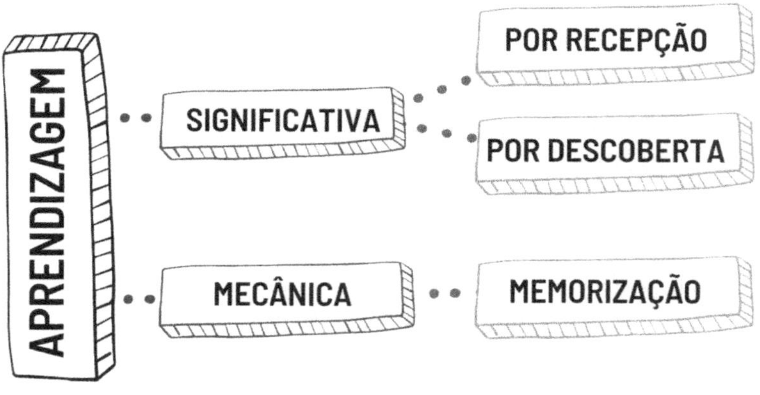

Fonte: MELO; URBANETZ, 2012, adaptado pelos autores (2022).

Ele não descarta o papel da aprendizagem mecânica, pois existe um fluxo contínuo na mente do/a estudante, fazendo relações do mecânico para o significativo. Assim, estas duas formas de aprendizagem não são antagônicas, uma pode apoiar a outra, num processo contínuo. Na medida em que o/a estudante precisa memorizar algumas informações, como o uso de tabelas, fórmulas ou textos soltos, ele/a pode usar este conhecimento mecânico, aleatório e relacionar de forma significativa com outro conhecimento, por exemplo, para resolver um problema real utilizando fórmulas (AUSUBEL, 2003).

Importante lembrar que aprender de forma significativa está relacionado com a ativação das ideias já existentes na mente e com a capacidade de relacionar os conhecimentos assentados (antigos) com os novos conteúdos. Nesta proposta, o/a professor/a deve favorecer a aprendizagem significativa levando em consideração o que o/a estudante já sabe ou já construiu de conhecimento sobre determinado assunto, assim como mostrar relevância e/ou a relação com a realidade (contextualização) para a aprendizagem de determinado tema ou conteúdo.

Dicas

Ao iniciar uma proposta de atividade sobre um determinado assunto, fazer um mapeamento na turma, perguntando quem conhece, ou sabe de alguém que conheça, ou se tem algo a contribuir previamente sobre o assunto. Validar as contribuições dos/as estudantes, e as possibilidades de trazer para o grupo conhecimentos prévios ou materiais extras de pesquisa enriquecem e tornam mais significativos os processos. E, ainda, favorecem ampliar as possibilidades de conexão entre os saberes, bem como a construção de novos conhecimentos a respeito.

Trazemos ao diálogo, a partir de agora, um documento que buscou refletir sobre a necessidade de mudança do paradigma educacional vigente e construir uma aprendizagem significativa e integral: o Relatório para a UNESCO, da Comissão Internacional sobre Educação para o século XXI. Tal documento destaca quatro pilares do conhecimento:

> [...] aprender a conhecer, isto é adquirir os instrumentos da compreensão; aprender a fazer, para poder agir sobre o meio envolvente; aprender a viver juntos, a fim de participar e cooperar com os outros em todas as atividades humanas; finalmente aprender a ser, via essencial que integra as três precedentes. É claro que estas quatro vias do saber constituem apenas uma, dado que existem entre elas múltiplos pontos de contato, de relacionamento e de permuta (DELORS, 1996, p. 90) (grifos nossos).

A figura a seguir destaca os 4 pilares da educação:

Figura 8 - 4 pilares da educação do Relatório para a UNESCO

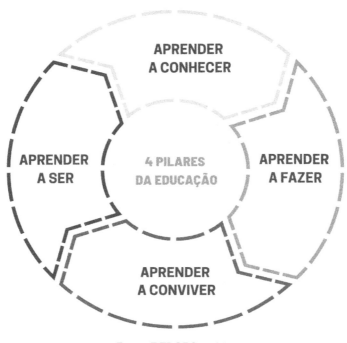

Fonte: DELORS, 1996.

As quatro perspectivas (conhecer, fazer, conviver, ser) estão relacionadas a uma educação integral, que deve ser entendida como uma educação que garanta o desenvolvimento de seres integrais, ou seja, nas dimensões intelectual, física, emocional, social e cultural. A valorização somente do intelectual na educação escolar vem se mostrando pouco produtivo, e quase que "irreal", pois somos uma conexão de várias formas de ser e interagir no mundo. Por exemplo, o/a estudante, em situações cotidianas, escolares e profissionais, faz conexões com suas diferentes inteligências e competências (sejam essas das dimensões mentais, criativas e/ou emocionais) para criar, para contribuir coletivamente, ou para solucionar problemas e desafios reais e de seu cotidiano.

Como aborda o educador Rafael Yus (2002), os pressupostos de uma educação integral devem considerar a globalidade (inteireza), a espiritualidade (conexão com a vida), as inter-relações (interligação entre os seres), o equilíbrio (mente/corpo, razão/sentimento, analítico/sistêmico), a cooperação (coletivo), a inclusão (contempla as diferenças, as potencialidades e ritmos), a experiência (descobertas e interesses), e a contextualização (sentido e transformação).

> **Saiba mais**
>
> Você sabe o que é Educação Integral? Será que Educação Integral é o mesmo que educação de tempo integral? Não é bem isso, como já abordamos aqui neste livro.
>
> O Centro de Referência de Educação Integral, define Educação Integral como uma educação que deve garantir o desenvolvimento dos sujeitos em todas as suas dimensões – intelectual, física, emocional, social e cultural e se constituir como projeto coletivo, compartilhado por crianças, jovens, famílias, educadores/as, gestores/as e comunidades locais.
>
> A partir desta concepção, será que mais tempo na escola (tempo integral) garantiria uma educação integral? O que você pensa a respeito?
>
> Fonte: Centro de Referência de Educação Integral. Conceito. Disponível em: https://educacaointegral.org.br/conceito/ Acesso em: 20 ago. 2022.

Para pensar em aprendizagens de uma educação integral, em qualquer nível de ensino, para além das várias dimensões da pessoa, e das diferentes formas de aprender, é importante considerarmos também a percepção de desenvolvimento de competências, premissa esta destacada pela BNCC – Base Nacional Comum Curricular.

Segundo Carvalho e Freire (2009, p. 5) uma competência é o *"resultado da combinação de conhecimentos com comportamentos e resultados. Conhecimentos que incluem formação, treinamento, experiência, autodesenvolvimento"*.

Na Base Nacional Comum Curricular – BNCC o conceito de competência abrange mobilização de conhecimentos, habilidades, atitudes e valores para a resolução de problemas da vida real, como vemos a seguir:

> mobilização de conhecimentos (conceitos e procedimentos), habilidades (práticas, cognitivas e socioemocionais), atitudes e valores para resolver demandas complexas da vida cotidiana, do pleno exercício da cidadania e do mundo do trabalho. (BRASIL, 2017)

Importante destacar que a Base Nacional Comum Curricular – BNCC (BRASIL, 2017) – para a educação básica vem impactando as políticas públicas para os currículos, projetos pedagógicos de cada escola e de formação inicial e continuada de professores em cada estado, município e distrito federal.

A BNCC cumpre o que está previsto no artigo 9º da LDB (Lei 9.394 de 1996):

> Estabelecer, em colaboração com os Estados, o Distrito Federal e os Municípios, competências e diretrizes para a educação infan-

til, o ensino fundamental e o ensino médio, que nortearão os currículos e seus conteúdos mínimos, de modo a assegurar formação básica comum.

Dessa forma, a BNCC deve nortear os currículos das redes de ensino e definir as aprendizagens necessárias (ou mínimas) para todos/as estudantes brasileiros/as da educação básica, do infantil ao médio.

Ela está organizada por competências, habilidades e conhecimentos para cada um dos componentes curriculares dos níveis de ensino da educação básica. O trabalho por competências e habilidades (a serem desenvolvidas), e não pelo conteúdo, implica em uma necessária mudança nas formas de ensinar focado na aprendizagem e nas práticas docentes, como destacamos em vários momentos dialógicos deste livro.

A BNCC estabelece 10 competências gerais para nortear todas as áreas do conhecimento do novo currículo. Estas competências olham o/a estudante de forma integral, trabalhando competências tanto cognitivas quanto as socioemocionais, resumidamente apresentada a seguir:

Figura 9 - Resumo das competências da BNCC

COMPETÊNCIAS BNCC

- Conhecimento
- Pensamento científico, crítico e criativo
- Repertório Cultural
- Comunicação
- Cultura Digital
- Projeto de Vida e Trabalho
- Argumentação
- Autoconhecimento e Autocuidado
- Empatia e Cooperação
- Responsabilidade e Cidadania

Fonte: BRASIL, 2017, adaptado pelos autores (2022).

Destaque também para o olhar para as competências que tratam de novas tecnologias e diferentes linguagens, incluindo a digital. Ou seja, a Base olha o/a estudante ativo/a e conectado/a; e a escola e o/a professor/a devem estar preparados para estimular e desenvolver tais competências tecnológicas, seja nas dependências da escola, seja em parcerias com a comunidade escolar.

> **Saiba mais**
>
> Conheça a plataforma gratuita de apoio aos Gestores públicos de educação na formulação de um Plano de inovação e tecnologia. A plataforma, desenvolvida pelo Centro de Inovação para a Educação Brasileira – CIEB, busca apoiar gestores públicos no desenvolvimento de políticas e planos de inovação das suas redes de ensino. Veja mais em: http://guiaedutec.com.br/gestor

Caso você tenha conseguido acompanhar o desenvolvimento da atualização da BNCC, lembrará que, após versão preliminar, seguiu um processo de consultas públicas e de análise e inclusão de contribuições. Com a conclusão das sistematizações das contribuições, foi encaminhado o texto da educação infantil e fundamental para o Conselho Nacional de Educação – CNE com a aprovação em 2017. A parte do Ensino Médio, em decorrências de críticas sofridas na sua versão preliminar, teve seu processo revisto e encaminhado para o CNE para análise posterior e aprovação em 2018.

Após a aprovação da BNCC, as redes de ensino realizaram a implementação dos currículos estaduais e municipais da educação básica, levando em consideração a base e as especificidades regionais e locais.

Os currículos estaduais e municipais devem seguir o mesmo procedimento da Base com consultas públicas e homologação pelos conselhos estaduais ou municipais de educação, num processo de colaboração entre as redes.

Neste contexto, cada escola deve rever/ter revisto seu Projeto Político Pedagógico – PPP, discutindo com a comunidade escolar como implementar o currículo estadual ou municipal voltado por competências, educação integral e respeitando as especificidades e desafios da realidade local.

A BNCC também traz/trará impacto nas avaliações externas como o SAEB, ENEM e Prova Brasil, pois deverá levar em consideração competências e habilidades e conteúdos mínimos previstos para cada etapa escolar. Os materiais didáticos também terão ajustes para se adequar às novas exigências.

Para o Ensino Médio o desafio é/será maior, pois ele terá uma parte obrigatória e outra eletiva que contará com itinerários formativos para compor sua formação, corroborando com a reforma do ensino médio iniciada em 2017, conforme Lei 13.415, de 16 de fevereiro de 2017[23].

> **Diálogos e reflexões**
>
> Você atua com Ensino Médio na sua instituição? Segundo o Art. 36 da Lei 13.415, o currículo do Ensino Médio será composto pela Base Nacional Comum Curricular e por itinerários formativos, que deverão ser organizados por meio da oferta de diferentes arranjos curriculares, conforme a relevância para o contexto local e a possibilidade dos sistemas de ensino, a saber: I - linguagens e suas tecnologias; II - matemática e suas tecnologias; III - ciências da natureza e suas tecnologias; IV - ciências humanas e sociais aplicadas; V - formação técnica e profissional.
>
> Ainda sobre itinerários formativos do ensino médio, na prática, o/a estudante poderá ter uma formação específica, como em empreendedorismo e gestão, tecnologias ou artes e música. No entanto, apesar de ser uma inovação educacional, ainda pairam muitas dúvidas da sua real implementação e resultados no sucesso educacional, considerando as diferenças entre redes públicas/privadas, as diferenças regionais e de recursos financeiros e humanos entre as próprias escolas, bem como em redes de ensino.
>
> Como você e a escola em que atua têm se organizado para tais implementações? Quais as oportunidades e quais os desafios? Você recebeu ou buscou formação continuada a este respeito?

> **Saiba mais**
>
> Você já conhece o Instituto Iungo? Sem fins lucrativos, tem como premissa contribuir para a formação continuada de professores/as de todo o Brasil. Dentre várias iniciativas, tem contribuído para a compreensão e implementação das novidades do Ensino Médio, baseado na BNCC. Você poderá encontrar materiais e exemplos de planos de aula sobre o Ensino Médio e voltados ao Projeto de Vida https://iungo.org.br/formacao/nosso-ensino-medio/ e https://iungo.org.br/material-pedagogico/
>
> E sobre Itinerários Formativos, acesse:
>
> https://iungo.org.br/wp-content/uploads/2021/04/portfolio-educadores-digital-1.pdf

Ao compreendermos as convergências entre os quatro pilares da Educação, a percepção da educação integral e o desenvolvimento por competências, fica nítida a necessidade de termos este olhar multifacetado frente ao fazer educacional. Assim, é fundamental que a prática docente, da educação básica até a educação superior, considere esta visão integral do ser humano, evitando uma visão tradicional de educação que somente cobra

---

[23] http://www.planalto.gov.br/ccivil_03/_ato2015-2018/2017/lei/l13415.htm

o conhecimento intelectual de forma conteudista, com foco em avaliações pontuais e exames externos, esquecendo do ser/conviver (querer fazer) e do fazer (saber fazer).

Os quatro pilares da educação, a educação integral, as teorias das inteligências múltiplas e de estilos de aprendizagem colocam o/a estudante no centro da aprendizagem, na medida em que o/a professor/a deve pensar em atividades que estimulem as diferentes competências e habilidades dos/as estudantes de forma integral. Como já abordamos neste livro, uma aula tradicional, somente expositiva, seguramente, não será suficiente para atingir a maioria dos/as estudantes e promover a aprendizagem em todas as suas dimensões.

Considerando essa perspectiva sistêmica, as metodologias ativas podem contribuir para um maior engajamento dos/as estudantes na realização das atividades, pois eles/as podem aprender no seu próprio ritmo e conforme seu estilo de aprendizagem e interesse de estudo. As metodologias ativas também estão relacionadas com as habilidades e competências indicadas pela BNCC, e que podem aproveitar o uso da tecnologia e dos recursos digitais, sem se limitar a essas, como ferramentas para fortalecer o/a estudante "ativo/a" no próprio processo educativo.

II.III Avaliação formativa

A avaliação na educação é um tema desafiador, pois, em geral, a preocupação de escolas, professores/as, bem como de familiares e responsáveis, é com o resultado obtido (nota) pelos/as estudantes, sem uma preocupação com o processo avaliativo e a diversidade dos instrumentos de avaliação. Neste sentido, segundo Zabala (1998), a avaliação é entendida como instrumento de sanção e de qualificação e na escola a avaliação é vista, muitas vezes, com um olhar se o/a estudante alcançou os resultados ou objetivos mínimos previstos.

Contudo, a reflexão que se deve realizar é *"o que é e para que serve a avaliação da aprendizagem"*. Para Luckesi (2008, p. 9), avaliação é *"um juízo de qualidade sobre dados relevantes para uma tomada de decisão"*. Assim, a avaliação, com foco no processo e com objetivos de contribuir para a formação da aprendizagem, nos dá subsídios para refletir sobre a qualidade da ação pedagógica, tanto do/a professor/a como do/a estudante.

Quando se trata de avaliação formativa, deve-se pensar em instrumentos que possibilitam uma avaliação de forma contínua, integradora e contextualizada, com objetivos de aprendizagem claros e diversidade de estratégias e recursos. Conforme previsto na BNCC (BRASIL, 2017):

Na educação, a avaliação deve ser entendida como ferramenta para apoiar o progresso do aluno. Ferramenta que auxilia no processo de correção de rumo das atividades propostas, proporcionando segurança nas ações que impactam no desenvolvimento do aluno.

Avaliação diagnóstica, formativa e somativa: vivência avaliativa processual

Uma das formas de entendermos sobre avaliação processual inclui considerar a aplicação das ferramentas em diferentes momentos avaliativos para verificação, qualificação e apreciação qualitativa (LIBÂNEO, 1994). Assim, devem ser pensadas como: avaliações de diagnóstico dos conhecimentos prévios; de apreciação das atividades realizadas ao longo do percurso formativo; e somativa de todas as aprendizagens previstas.

A avaliação deve possibilitar a coleta de dados, por meio de diferentes instrumentos, sobre o conhecimento construído pelos/as estudantes, de forma individual e/ou coletiva. Eles servem para acompanhar a conquista processual dos objetivos de aprendizagem, bem como o alcance de resultados esperados de desempenho.

Quando se trata de avaliação nos processos educativos, deve-se pensar em instrumentos que possibilitem uma avaliação diagnóstica, formativa e somativa, de forma contínua, integradora e contextualizada, com objetivos de aprendizagem claros e a diversidade de estratégias e recursos. Mais importante que o estilo do instrumento, é a intencionalidade pedagógica e formativa que se coloca no tipo de atividade.

Atividades como exercícios, desafios, testes/provas e tarefas podem tanto serem usadas sob a ótica da avaliação formativa quanto sob a ótica da avaliação focada somente em resultados. O que vai diferenciar, portanto, é a intenção pedagógica e a elaboração destas atividades, bem como a forma de propor tal experiência.

Se por um lado tem-se a perspectiva de resultados e puramente classificatória, uma prova ou uma atividade avaliativa possivelmente será padronizada, baseada somente no conteúdo, desconsiderando as demandas específicas, as diferentes formas de aprendizagem, e os diversos contextos. Por outro lado, uma prova ou atividade avaliativa, sob as lentes de uma experiência significativa, será personalizada, contextualizada e focada na aprendizagem dos/as estudantes. E, sob esta perspectiva, o uso de metodologias ativas se apresenta como um caminho produtivo para a avaliação formativa e processual e para estruturar as atividades avaliativas de uma forma a considerar o/a estudante como ativo/a no seu processo de aprendizagem.

A <u>avaliação diagnóstica</u>, por exemplo, tem como função, propriamente, diagnosticar, identificar progressos e dificuldades das aprendizagens dos/as estudantes. Com base nestas informações, serve para o/a professor/a propor atividades para trabalhar as lacunas durante o período e conseguir prosseguir no processo de aprendizagem.

Geralmente é aplicada no início do processo educativo ou de um ciclo de aprendizagens, como forma de diagnosticar os conhecimentos prévios dos/as estudantes e apoiar o planejamento das aulas. Também auxilia na construção de uma aprendizagem significativa, podendo ocorrer em diferentes momentos, no meio ou no final, para mapear os conhecimentos construídos e para ancorar um novo conhecimento (LIBÂNEO, 1994).

A avaliação diagnóstica aplicada no decorrer do processo educativo tem como propósito o acompanhamento das conquistas e dos desafios dos/as estudantes e identificar como prosseguir para novos conhecimentos.

Ao verificar o conhecimento construído junto aos/às estudantes, permite ao/à professor/a pensar estratégias de aprendizagem, conteúdos, tipos de tarefas e atividades que favorecem a aprendizagem e a construção de novos conhecimentos. Esta intervenção do/a professor/a deve partir de dados objetivos (avaliação diagnóstica), bem como da sua experiência e conhecimento pessoal como professor/a (ZABALA, 1998).

Em resumo, a avaliação diagnóstica permite conhecer o/a estudante, suas necessidades e anseios, suas habilidades e conhecimentos, suas dificuldades de aprendizagem e planejar o trabalho pedagógico (FERREIRA, 2009).

A avaliação formativa verifica como o/a estudante está desenvolvendo sua aprendizagem, baseado em objetivos para determinados temas ou conteúdos, bem como em competências previstas. De certa forma, é uma avaliação de monitoramento das conquistas, desafios e resultados dos processos educativos desenvolvidos em sala de aula. Para Haydt (1997), seu caráter de monitoramento permite verificar se o/a estudante está apresentando o domínio de determinados objetivos propostos, conhecimentos, habilidades e atitudes nas atividades desenvolvidas e qualificação dos resultados.

Zabala (1998) também diz que a avaliação formativa permite ao/à professor/a adaptar e adequar o processo educativo às necessidades que vão ocorrendo. Ou seja, como ela deve estar presente ao longo de todo o curso, possibilita ao/à professor/a uma correção de rota com o objetivo de adaptar atividades, aprofundar conteúdos para alcançar uma aprendizagem eficaz e significativa.

Nessa perspectiva, por ser formativa, ela possibilita um acompanhamento do/a estudante, verificando as transformações e melhorias, bem como os desafios (novos ou recorrentes) ao longo do tempo. Por exemplo, se um/a estudante ou grupo apresentou dificuldades de aprendizagem no início da caminhada de formação, com a avaliação formativa é possível identificar as mudanças e conquistas que vão ocorrendo ao longo das aulas e considerar este processo como elemento para a própria avaliação.

Assim, a avaliação formativa depende do olhar cuidadoso e próximo do/a professor/a para o acompanhamento contínuo das aulas durante um determinado período, semestre ou ano letivo. Dessa forma, para cada aula/módulo/projeto é necessário propor instrumentos/momentos frequentes de avaliação processual para identificar se os objetivos da aula estão sendo alcançados, quais facilidades e dificuldades, quais oportunidades de melhoria no próprio processo. Inclusive, seria interessante incluir o/a estudante nestas etapas, envolvendo e engajando no próprio processo de aprendizagem.

Katia Smole (2020) afirma, sob a perspectiva da aprendizagem formativa, que o foco não estaria em um processo avaliativo voltado para a reprovação e, sim, para a aprendizagem. Assim, quando se pensa em uma educação integral, a avaliação passa a ser estratégica e fundamental, pois considera o diálogo, o conhecimento e o autoconhecimento como ferramentas que favorecem a consciência e a participação ativa dos/as estudantes no processo de aprendizagem.

Dicas

Você já usou Rubricas em atividades avaliativas? A Rubrica é um sistema de pontuação para avaliar a qualidade de atividades dissertativas dos/as estudantes, sobretudo a um objetivo de aprendizagem bem estabelecido. Em resumo, é um sistema de critérios para atribuir conceito a um instrumento avaliativo. Em geral, as rubricas possuem a seguinte estrutura: descrição da tarefa; aspectos que serão avaliadas na tarefa; pontuação/níveis de desempenho.

Como, por exemplo, em uma produção de um relatório de TCC, pode se usar a seguinte rubrica:

Tabela 1 - Modelo de rubrica em atividades avaliativas

Critério	Detalhamento	Pontuação máxima
Estrutura do relatório	O relatório contemplou a estrutura solicitada: título, resumo, introdução, desenvolvimento, resultados, considerações e referência?	1
Desenvolvimento do relatório	Houve clareza na formulação e no desenvolvimento do problema de pesquisa e dos objetivos?	2
Metodologia da pesquisa	Houve indicação adequada como a pesquisa ocorreu, destacando os caminhos e métodos utilizados para o desenvolvimento da pesquisa?	2
Resultados e considerações	O trabalho apresentou uma discussão dos resultados à luz das referências estudadas? Apresentou claramente as contribuições e limitações do trabalho realizado?	3
Linguagem	A linguagem do relatório apresenta coerência e coesão? Ortografia e gramática adequadas?	1
Referências	As citações e as referências – bibliografia, foram feitas de forma adequada, seguindo as normas da ABNT para trabalhos acadêmicos?	1

Fonte: elaborado pelos autores (2022).

Por fim, a avaliação formativa permite que se analise o contexto e as condições de aprendizagem e registra todos os avanços e aprendizagens dos/as estudantes permitindo um processo contínuo de melhoria do desempenho dos/as próprios/as, como também do/a professor/a e da escola.

A avaliação somativa, por sua vez, faz um balanço da aprendizagem e resultados alcançados do/a estudante ao longo e ao final do curso. Trabalha a avaliação de todos os conteúdos previstos no período com base nas competências e objetivos de aprendizagem que foram planejados. Para Haydt (1997), nela existe uma estreita ligação entre a avaliação e a definição de objetivos. Portanto, é partir do planejamento (plano de ensino) com a definição dos objetivos e das estratégias de aprendizagem, que a avaliação somativa avalia se os/as estudantes alcançaram os objetivos de aprendizagem.

Ela também é caracterizada como uma avaliação classificatória, pois tem como propósito atribuir ao/à estudante uma nota ou pontuação e classifica os resultados alcançados num determinado tempo, que pode ser um bimestre, semestre, ano letivo ou curso. Ela pode ser uma atividade final como um teste, exame ou várias atividades que se somam.

É importante considerarmos que os processos avaliativos, mesmo que de caráter classificatório, devem considerar uma visão integral do/a estudante e da sua formação. Como destaca Kátia Smole,

> quando a avaliação é entendida como parte importante da formação integral dos jovens estudantes não pode se sustentar em processos de avaliação pontuais e meramente numéricos. A avaliação, ainda que venha a gerar uma nota, deve corresponder ao projeto da escola no sentido da formação do estudante (SMOLE, 2020).

Como forma de resumir o que vimos até aqui, de certa maneira, os três tipos de avaliação permitem:

Figura 11 - Tipos de avaliação

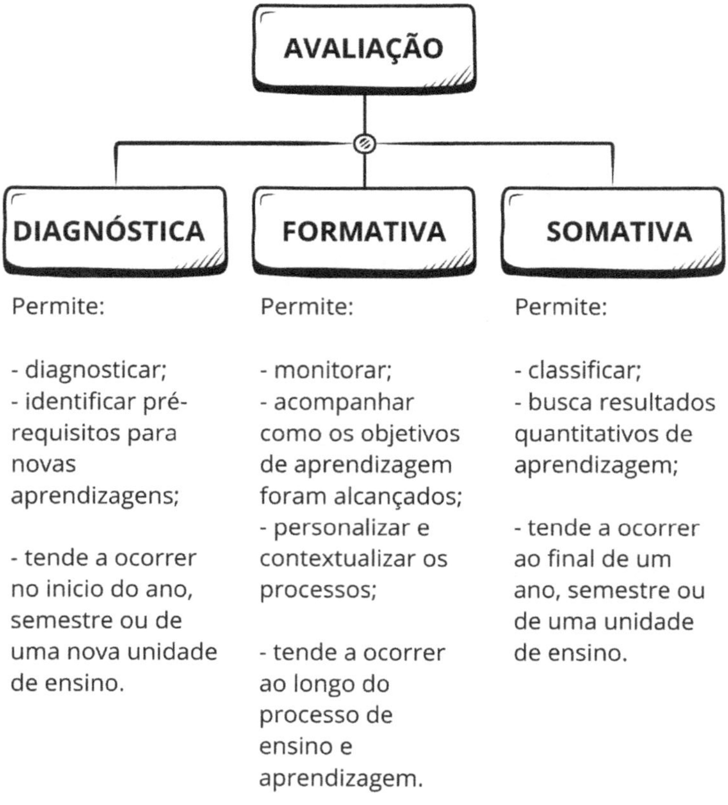

DIAGNÓSTICA	FORMATIVA	SOMATIVA
Permite:	Permite:	Permite:
- diagnosticar; - identificar pré-requisitos para novas aprendizagens; - tende a ocorrer no inicio do ano, semestre ou de uma nova unidade de ensino.	- monitorar; - acompanhar como os objetivos de aprendizagem foram alcançados; - personalizar e contextualizar os processos; - tende a ocorrer ao longo do processo de ensino e aprendizagem.	- classificar; - busca resultados quantitativos de aprendizagem; - tende a ocorrer ao final de um ano, semestre ou de uma unidade de ensino.

Fonte: elaborado pelos autores (2022).

As avaliações devem ser planejadas e distribuídas ao longo do curso (no início, meio e final, minimamente) e devem prever o diagnóstico de entrada de novos conteúdos, a formativa que acontece ao longo do curso (nas aulas ou conjunto de aulas) e a somativa, ao final, que, em geral, se recebe um conceito apontando quanto e como o/a estudante progrediu ao longo do curso.

Para Libâneo (1994), necessário relacionar os aspectos qualitativos e quantitativos da avaliação propiciando uma visão mais abrangente do processo educativo como um todo. Elas devem estar articuladas entre si, permitindo uma visão geral do processo de aprendizagem do/a estudante, caso contrário, vista de forma isolada e fragmentada, vai ser somente uma fotografia do momento e não demonstrará o avanço realizado pelo/a estudante ao longo de um determinado período ou curso.

> **Diálogos e reflexões**
>
> Como você tem avaliado os/as estudantes? Você utiliza práticas de uma avaliação formativa? Como você desenvolve o planejamento da avaliação e como a relaciona com os objetivos pedagógicos? Como você sistematiza a avaliação? E como personaliza e contextualiza a prática avaliativa? Confira os dois vídeos abaixo e faça uma reflexão sobre o processo de avaliação formativa.
>
> 1. No vídeo Avaliação da Aprendizagem, o professor Cipriano Luckesi, autor do livro Avaliação da aprendizagem escolar: estudos e proposições (2008), busca refletir sobre a cultura do exame na educação, que valoriza a nota em detrimento do processo de aprendizagem, que aprova ou reprova com base em números, e que professores/as utilizam como instrumento de punição e ameaça.
>
> Avaliação da aprendizagem – Cipriano Luckesi. YouTube, SM Educação. Disponível em: https://youtu.be/JqSRs9Hqgtc. Acesso em 20 nov. de 2020.
>
> 2. No vídeo Avaliação Formativa, a professora Kátia Smole aborda os fundamentos da avaliação formativa em um diálogo com professores/as de todo o Brasil, intermediado pelo Instituto Iungo. Disponível em: https://www.youtube.com/watch?v=-cBmQUMwDos&t=654s . Acesso em 10 de março de 2022.

Sob a perspectiva das metodologias ativas, a avaliação deve ser formativa e continuada e deve estar relacionada com a atividade proposta. A avaliação deve servir com uma bússola para o/a professor/a organizar as ações didáticas, orientar os/as estudantes na sua construção do conhecimento e propor o máximo de uma experiência de aprendizagem significativa, permitindo que o/a estudante compreenda o próprio percurso, tenha conhecimento sobre os acordos de avaliação e possa fazer parte de todo o processo.

Neste sentido, se consideramos a relação entre avaliação processual e metodologias ativas:

Figura 12 - Processo de avaliação e as metodologias ativas

Fonte: elaborado pelos autores (2022).

Importante destacar também que nas metodologias ativas a avaliação considera a colaboração, ou seja, a organização de atividades que reúnam os/as estudantes em torno do mesmo objetivo, com a mediação do/a professor/a na condução dos trabalhos.

Na avaliação colaborativa o/a professor/a pode avaliar os resultados durante o processo do desenvolvimento da tarefa ou projeto em si, observando o engajamento, entrosamento e a construção do conhecimento dos/as estudantes. Da mesma maneira, pode considerar alguns instrumentos de avaliação que possam medir diferentes etapas do processo, e de diversas formas, com o intuito de considerar distintos meios de aprendizagem e uma visão integral do indivíduo.

Autoavaliação e heteroavaliação: foco na experiência do/a estudante

Como formas de avaliação centrada no/a estudante, baseadas nas metodologias ativas, trazemos ao diálogo a heteroavaliação (hetero = outro diferente), que é um sujeito avaliando o outro, e a autoavaliação, na qual o sujeito avalia a si mesmo. Estes tipos de avaliação, em geral, devem ser pensados de forma integrada a outras avaliações dentro do processo educativo (VEIGA, 2006).

Os pontos de atenção nestes dois tipos de avaliação são os fatores subjetivos presentes no processo avaliativo. E também a própria característica processual e não puramente de resultados.

A heteroavaliação – avaliação de uma pessoa por outra – pode ocorrer entre o/a professor/a e o/a estudante ou por uma pessoa externa ao processo e o/a estudante. Esta pessoa (avaliador/a) deve conhecer o que está sendo ensinado e aprendido, bem como os objetivos pedagógicos, ou seja, considerar elementos de monitoramento e métricas, que podem ser qualitativas e quantitativas, para melhor avaliar o desempenho processual da pessoa avaliada, em convergência ao que se espera do desenvolvimento e apropriação de determinado conhecimento ou habilidade.

Independentemente de quem está fazendo a avaliação, fundamental que a coleta de dados seja o mais objetiva possível. Os dados a serem coletados devem ter uma matriz com os objetivos e critérios bem definidos, seguindo as premissas da investigação científica, evitando coletar dados aleatórios e sem evidências que podem ficar no campo da subjetividade.

Quando definida a matriz e o objetivo da heteroavaliação, o próximo passo é a confecção de diferentes tipos de instrumentos avaliativos, com perguntas claras a serem aplicadas e critérios de correção para o julgamento. Para evitar problemas de interpretação, o instrumento pode passar por uma fase de testagem, antes da sua aplicação efetiva em um grupo de estudantes. É fundamental considerar distintas métricas e critérios para diferentes momentos da aprendizagem e da avaliação do processo.

As perguntas avaliativas neste tipo de instrumento podem ser do campo do conhecimento, ou seja, o/a estudante tem ou não o domínio de determinado conteúdo. Também podem ser do campo das competências atitudinais (do ser e do conviver), tais como: participação, assiduidade, atuação colaborativa, organização; ou pode ser do campo procedimental (do saber fazer), tais como: sabe gravar um vídeo, confeccionar uma apresentação em Powerpoint de forma criativa, manipular formulários eletrônicos etc. Desta forma, saber se o sujeito tem o domínio de determinado conhecimento, atitude ou prática não depende da subjetividade do avaliador.

Para tornar esta avaliação mais objetiva e com rigor científico, pode-se coletar evidências para cada um dos critérios a serem avaliados ao longo do processo educativo, por exemplo, elaborou um vídeo ou uma apresentação, trabalhou com 3 grupos diferentes demonstrando ser uma pessoa aberta para uma participação colaborativa, fez o exercício de cálculo com autonomia etc.

> **Dicas**
>
> Há pouco neste livro destacamos a Avaliação por Rubricas, que também seria uma forma de praticar a heteroavaliação sob as lentes das metodologias ativas.
>
> E nesta dica de agora, como exemplo de um instrumento de autoavaliação e/ou de heteroavaliação, tem-se o Portfólio. Ele é um documento que possibilita o acompanhamento e o desenvolvimento do/a estudante em determinados conhecimentos. Como um "diário", o/a estudante vai anotando pensamentos, sentimentos, ideias, conexões e evidências da experiência de aprendizagem de determinado conhecimento, atitude e habilidades. E poderá apresentá-lo de forma criativa, como um livro ou um *scrapbook* físico (livro de recortes e colagens) ou usando ferramentas virtuais de mapa mental ou mural, para um diário, no qual poderá também conectar links para materiais extras, como vídeos, *podcasts*, artigos, dentre outros.
>
> Ao final do processo educativo, o portfólio/diário também serve como base para o/a professor/a analisar o desenvolvimento do/a estudante e sua trajetória de aprendizagem. Da mesma maneira, é um registro próprio para o/a estudante construir, percorrer e perceber suas aprendizagens e, assim, desenvolver a sua autoavaliação (VILLAS BOAS, 2015).

A heteroavaliação também pode ser utilizada para uma análise da turma ou da sala, acompanhando o desempenho dos/as estudantes sob a perspectiva coletiva e individual, servindo de bússola para o/a professor/a planejar ações educativas, de atendimento personalizado ou de grupos que possuem desafios semelhantes. Um exemplo desta prática é no segmento da educação infantil através da observação e escuta ativa das crianças, para saber o nível de sociabilidade, do desenvolvimento motor, de características de aprendizagem da criança ao longo do ano letivo. Esse mesmo caráter de observação e de coleta de dados deve ser feito com métricas estruturadas e planejadas, e convergentes com os objetivos pedagógicos, podendo ser utilizada em diferentes níveis de ensino.

Outro exemplo seria a prática de Termômetro das Aprendizagens, que pode ser usada em diferentes momentos, como sugestão na metade e/ou no fim de um período. O objetivo é ouvir, acompanhar e confirmar a rota planejada ou fazer as adaptações, conforme as informações coletadas. É possível aplicar esse Termômetro com uma ferramenta ativa, criativa, que motive os/as estudantes a compartilharem suas reflexões, podendo ser em formato virtual de uma enquete, de uma conversa de Whatsapp, de um formulário com imagens, *gifs* ou *emojis*. Ou, ainda, podendo ser em um formato físico, como cartelas coloridas e uma caixa de coleta das respostas, uma enquete em forma de varal, ou *post its* de cores diferentes para a formação de um mural.

Figura 13 - Termômetro sobre as aprendizagens

Termômetro sobre as Aprendizagens:

. O que eu já sabia sobre este assunto?
. O que eu descobri durante o estudo?
. Quais perguntas eu ainda faria sobre essa temática?
. Como eu poderia explorar mais?
. Qual a aplicabilidade desse tópico?

Fonte: elaborado pelos autores (2022).

Mais uma forma de heteroavaliação seria o/a estudante realizar a avaliação do seu par, pontuando o/a colega sobre os critérios estabelecidos. Este tipo de avaliação pode ser agregado à avaliação do/a próprio/a professor/a. Tal experiência traz a oportunidade de uma atuação ativa e reflexiva. A avaliação por pares, se bem conduzida, possibilita que os/as estudantes interajam e discutam sobre determinado assunto ou matérias, incentiva o aumento da autoestima e da confiança, estimula a escuta ativa e uma comunicação não violenta, desenvolve a empatia e o respeito, auxilia a prática de *feedback*. Ainda, incentiva a lidar com a resolução de conflitos, a aceitar críticas, a compreender o erro como algo processual e produtivo, a desenvolver a resiliência e persistência na realização de desafios; favorece o engajamento nas propostas com significado e uma atuação autônoma e reflexiva no processo de aprendizagem.

Outra abordagem que trazemos ao diálogo seria a autoavaliação – quando a pessoa avalia a si mesmo/a – e que possibilita o autoconhecimento, a reflexão, o pensamento crítico, uma visão integral de si. Desta forma, tem a oportunidade de identificar seus *gaps* de aprendizagem nos diferentes campos de atuação, bem como considerar, de forma criativa e contextualizada, propor caminhos de melhoria, considerando a intencionalidade pedagógica planejada pelo/a professor/a.

O desafio neste tipo de avaliação é a presença da subjetividade do/a avaliador/a, permitindo o sujeito ser condescendente ou rigoroso em excesso, ou mesmo, que o estado emocional interfira no próprio processo. Para que estes desafios sejam minimizados, é necessário que o/a avaliador/a tenha clareza do seu papel e do papel do instrumento de avaliação para o seu autoconhecimento e para o aprimoramento de suas experiências, habilidades e competências, sobretudo, na prática de uma atuação ativa e transformadora no próprio processo de aprendizagem.

Para isso, necessário que o/a avaliador/a procure ser honesto/a nos seus atos, que esteja aberto/a para se autoavaliar, assumindo uma prática reflexiva, de escuta e observação de si, como também reconhecendo a responsabilidade pelos seus atos. Fundamental considerar a relação com as experiências do erro e de falhas, compreendendo-as como oportunidades de melhoria e reorganização da própria rota de vivências e aprendizagens.

Dicas

Considerando o papel importante da autoavaliação no processo de protagonismo e engajamento dos/as estudantes, fundamental que percebam o significado e a relevância daquela avaliação, bem como conheçam os critérios avaliativos. Como, por exemplo, reforçamos a sugestão de rubricas de autoavaliação, desenvolvidas pelo/a professor/a ou em conjunto com os/as estudantes.

Exemplo de rubricas para autoavaliação:

. Como avalio meu envolvimento e engajamento durante as atividades?

. Como vejo o meu percurso de aprendizagem em relação aos objetivos pedagógicos comunicados previamente?

. Como está a qualidade das minhas entregas? Poderia ser melhor? Em quais aspectos?

. Como avalio a minha construção individual, pensamento crítico, conexões entre os conhecimentos, e ideias criativas para resolução de problemas do meu contexto?

. Em trabalhos colaborativos, eu consegui contribuir com a turma para a construção do conhecimento?

. Como foi minha percepção acerca do aprendizado na disciplina/curso?

Tanto a heteroavaliação como a autoavaliação colocam o/a estudante e sua experiência de aprendizagem no centro; e a avaliação como uma "bússola" para acompanhar como o/a estudante está aprendendo e como aprimorar essa experiência por meio de adequações durante o processo. Distancia-se completamente de uma avaliação focada somente no resultado, uma avaliação punitiva ou um instrumento de "medo" e preocupação.

Assim como qualquer experiência avaliativa que se proponha processual, formativa e ativa, é fundamental o conhecimento de quem são os/as estudantes, quais suas necessidades, quais tipos de inteligências predominantes, por quais meios aprendem melhor. Ainda, propiciar uma experiência significativa e relevante, comunicar claramente os objetivos de aprendizagem e o alinhamento de expectativas. Planejar e propor atividades avaliativas diversas e que acolham a diversidade do grupo, bem como sejam convergentes com as intencionalidades pedagógicas. Nesse sentido, estes instrumentos devem se atrelar a outras avaliações – diagnósticas, formativas e somativas – possibilitando uma vivência diversa de ferramentas avaliativas, com foco em uma visão integral, personalizada e contextualizada do sujeito avaliado.

> **Dica para o Diário de Bordo**
>
> Sugerimos que você complemente o seu diário de bordo, utilizando a ferramenta Padlet[24], com anotações e pesquisas complementares sobre novos "tópicos" que este segundo capítulo trouxe ao diálogo, tais como: inteligências múltiplas; estilos de aprendizagem; aprendizagem significativa; BNCC, competências, educação integral; e avaliação formativa.
>
> Para tanto, propomos duas questões norteadoras:
>
> Como considerar uma visão sistêmica das metodologias ativas como bússola para uma experiência significativa de aprendizagem?
>
> Quais possíveis conexões entre Inteligências Múltiplas; Estilos de aprendizagem; Aprendizagem significativa; Competências da BNCC, Educação Integral; e Avaliação Formativa neste panorama?

Aproveitaremos o diálogo deste capítulo e faremos outro convite a você. Como você poderia incrementar a sua prática de autoavaliação? Veja a seguir:

---

[24] https://pt-br.padlet.com/

Dica Mão na Massa (*Hands-on*)

Como proposta de mão-na-massa para refletir sobre uma experiência de autoavaliação e de heteroavaliação, indicamos o uso do *feedback* como instrumento.

Peça uma avaliação de *feedback* sua para uma ou mais pessoas que atuem diretamente com você, com foco no seu aprimoramento pessoal e profissional. Encontre pessoas que você acredita que fariam um diálogo produtivo, ou seja, teriam a experiência e os cuidados necessários para gerar uma sessão de *feedback*.

Procure um local e um momento em que não serão interrompidos/as (você e a pessoa que dará *feedback*). Se prepare para escutar, muito mais que falar. Abra sua mente e coração para o que irá ouvir.

Lembre-se que receber *feedback* é um "presente", escute com atenção e não tente justificar. Caso tenha dúvidas, peça um exemplo daquilo que a pessoa está te dizendo, para entender melhor. Caso não concorde com algo, escute mesmo assim e guarde a informação para refletir melhor sobre a mesma mais tarde.

Fique atento/as aos itens que mais de uma pessoa dizem em relação a sua prática, possivelmente estes merecem atenção especial. Leve consigo todas as informações, e guarde-as para um momento seguinte de reflexão.

Durante a reflexão posterior ao momento de *feedback*, aproveite para relacionar os comentários, usando o quadro abaixo.

Faça anotações sobre seus comportamentos e como os outros percebem os mesmos. Depois anote pontos que você poderia melhorar e trace um plano de desenvolvimento pessoal e profissional para você atingir seus objetivos.

Figura 14 - Áreas do autoconhecimento

Áreas do autoconhecimento	Comentários para aprimoramento pessoal e profissional
Área aberta: onde estão os comportamentos sobre os quais eu e os outros temos conhecimento. As pessoas veem você do mesmo modo como você se vê.	
Área oculta/fechada: onde estão os comportamentos que vemos em nós mesmos, mas que não mostramos para os outros.	
Área cega: onde estão as características de comportamento que as outras pessoas percebem em você, mas que você não consegue perceber.	

Fonte: SEFTON; GALINI, 2020, p. 131; adaptado pelos autores (2022).

II.IV Resumo

Neste segundo capítulo, abordamos sobre a aprendizagem significativa e contextualizada, bem como sobre a necessidade de resgate dos conhecimentos prévios e proposições de novas conexões no processo de construção do conhecimento. Também vimos sobre a educação integral e a aprendizagem por competência, além do papel das inteligências múltiplas e das diferentes formas de aprender para a organização de estratégias didáticas variadas e que permitam um contexto de personalização do processo de aprendizagem.

Outro destaque foi tratar a avaliação e a contextualização desta ação no processo de acompanhamento e averiguação das aprendizagens dos/as estudantes, assim como a importância de ter uma diversidade de práticas avaliativas. Nesse sentido, momentos de avaliação diagnóstica, formativa ou processual e somativa, permitem identificar as necessidades do processo, bem como servem de bússola para adequações e soluções necessárias para potencializar o aprendizado. Também vimos sobre a autoavaliação e a heteroavaliação, procedimentos que favorecem uma avaliação integral e diversa do processo de aprendizagem.

No capítulo a seguir dialogaremos sobre o papel do professor/a ativador/a e as competências do/a educador/a do século XXI.

Capítulo III - Professor/a Ativador/a: competências do/a educador/a do século XXI

Já dialogamos em diversos momentos deste livro sobre a necessidade de colocar em prática metodologias ativas como ferramentas que contribuam para um processo de aprendizagem mais significativo e que contemple o/a estudante no centro do processo e como protagonista no mesmo. Também destacamos a importância de rever criticamente paradigmas educacionais limitantes. Neste panorama, importante destacar as competências necessárias para que o/a docente possa ativar, provocar e desenvolver junto aos/às discentes a melhor e mais significativa experiência de aprendizagem.

III.I Competências do/a educador/a

Quando pensamos nas competências do/a professor/a do século XXI, devemos considerar uma gama de características que potencializem o fazer docente da contemporaneidade, que são diferentes das necessidades do século passado, uma vez que os processos educativos mudaram e a forma de aprender das novas gerações também.

Vejamos, inicialmente, conceitos base sobre competências para, após, dialogar sobre potencialidades contemporâneas voltadas aos/as professores/as. Zabala (1998, p. 70) define competência como o "[...] construto molar que nos serve para nos referirmos ao conjunto de conhecimentos e habilidades que os sujeitos necessitam para desenvolver algum tipo de atividade".

Um autor referência na discussão das competências do/a professor/a é o sociólogo suíço Philippe Perrenoud (2002, p. 166), que destaca 10 famílias de competências para o exercício das funções docentes, são elas:

Figura 15 - 10 novas competências para ensinar

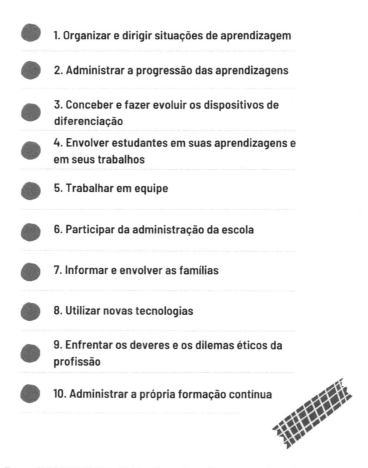

Fonte: PERRENOUD, 2002, adaptado pelos autores (2022).

Originalmente publicadas em francês no ano de 1999, as 10 novas competências para ensinar, propostas por Perrenoud, se organizam no campo da própria prática docente, assim como no âmbito profissional, ampliando a percepção de uma profissão que vai além de "saber os conteúdos" a serem trabalhados em sala de aula.

Na competência (1) *Organizar e dirigir situações de aprendizagem*, o autor aborda a importância de, além de conhecer os conteúdos a serem trabalhados, também relacioná-los com os objetivos de aprendizagem e com as representações daquilo que os/as estudantes trazem a respeito. Importante considerar os erros e obstáculos dos/as estudantes como oportunidades de aprendizagem. Além disso, construir e planejar dispositivos e sequências didáticas, bem como envolver os/as estudantes nas práticas de pesquisa e na busca de conhecimento. Em (2) *Administrar a progressão das aprendizagens*, Perrenoud destaca criar e monitorar situações-problema conforme o nível e as possibilidades dos/as estudantes; adquirir uma visão longitudinal dos objetivos de ensino; bem como relacionar com as teorias subjacentes às atividades de aprendizagem. Fundamental utilizar uma abordagem formativa para a observação e avaliação dos/as estudantes nas situações de aprendizagem. Ressalta, ainda, a atenção para realizar periodicamente balanços de competências, tomar decisões de progressão, conforme os ciclos de aprendizagem.

No item (3) *Conceber e fazer evoluir os dispositivos de diferenciação*, destaque para a necessidade de reconhecer e administrar a heterogeneidade de cada grupo de estudantes. Abrir e ampliar a gestão de classe para um espaço mais vasto; ofertar apoio integrado conforme os desafios dos/as estudantes, inclusive daqueles que apresentam grandes dificuldades. Também desenvolver a cooperação entre aprendizes, de forma a incentivar as trocas, o ensino mútuo e uma dupla construção. Em (4) *Envolver os alunos em suas aprendizagens e em seu trabalho*, fundamental incentivar o desejo de aprender, explicitar a relação com o saber, o sentido do trabalho escolar e desenvolver no/a estudante a capacidade de autoavaliação. Instituir um conselho de aprendizes e negociar com eles/as diversos tipos de regras, combinados e contratos. Oferecer atividades opcionais de formação. Favorecer a definição de um projeto pessoal do/a estudante no decorrer da sua experiência.

Em (5) *Trabalhar em equipe*, destaque para a elaboração de um projeto em equipe, com representações comuns. Dirigir um grupo de trabalho, conduzir reuniões. Formar e renovar uma equipe pedagógica. Enfrentar e analisar em conjunto situações complexas, práticas e problemas profissionais. Administrar crises ou conflitos interpessoais. Em (6) *Participar da administração da escola*, Perrenoud considera elaborar, negociar um projeto da instituição; administrar os recursos da escola; coordenar, dirigir uma escola com todos os seus parceiros. Organizar e fazer evoluir, no âmbito da escola, a participação dos/as estudantes, bem como competências para trabalhar em ciclos de aprendizagem.

Na competência (7) *Informar e envolver familiares*, destaque para dirigir reuniões de informação e de diálogo; fazer entrevistas; envolver familiares na construção dos saberes. Fundamental a comunicação clara e baseada em conhecimentos e experiências. Nesse sentido, o autor salienta a tentação de "enrolar", que às vezes alguns/as docentes possam ter em negar ou minimizar fatos, invocar contradições, desconsiderar a visão do/a estudante sobre a própria experiência e como ele/a compartilha com familiares, por exemplo. Ao contrário, é importante considerar eventuais conflitos e incertezas, atuar de forma dialogada, empática, profissional, buscando a parceria dos/as familiares no processo de aprendizagem. Em (8) *Utilizar novas tecnologias*, o autor faz uma provocação: A informática na escola seria uma disciplina como qualquer outra, um *savoir-faire* ou um simples meio de ensino? Além disso, evidencia a utilização de ferramentas multimídia, a comunicação à distância, bem como propõe explorar as potencialidades didáticas dos programas em relação aos objetivos do ensino e as competências fundamentadas em uma cultura tecnológica.

Em (9) *Enfrentar os deveres e os dilemas éticos da profissão*, destaca prevenir a violência na escola e fora dela; lutar contra os preconceitos e as discriminações sexuais, étnicas e sociais; participar da criação de regras de vida comum referentes à disciplina na escola, às sanções e à apreciação da conduta. Também sugere analisar a relação pedagógica, a autoridade e a comunicação em aula; desenvolver o senso de responsabilidade, a solidariedade e o sentimento de justiça, bem como considerar dilemas e competências de atuação na profissão. Por último, na competência (10) *Administrar a própria formação contínua*, salienta o saber explicitar as próprias práticas; estabelecer seu próprio balanço de competências e seu programa pessoal de formação contínua; negociar um projeto de formação comum com colegas (equipe, escola, rede); envolver-se em tarefas em escala de uma ordem de ensino ou do sistema educativo, acolher a formação de colegas e participar dela, e ser agente do sistema de formação contínua (PERRENOUD, 2002).

Saiba mais

Acompanhe esta reportagem do Instituto Claro sobre as ideias de Perrenoud em relação as novas competências para o/a professor/a do século 21, que valorizem a diversidade dos/as estudantes e o autoconhecimento do/a professor/a.

Acesso em: https://www.institutoclaro.org.br/educacao/nossas-novidades/reportagens/philippe-perrenoud-e-as-novas-competencias-do-ensino/

Aproveite também para assistir ao vídeo sobre o desenvolvimento de competências vinculado à BNCC e aos PCNs, na série "Pensadores na Educação: Perrenoud e o desenvolvimento de competências", do Instituto Claro.

Acesso em: https://www.youtube.com/watch?v=lYvoCDRCfOw

Dentre as competências citadas por Perrenoud e brevemente descritas anteriormente, gostaríamos de reforçar a importância de algumas em especial. A primeira delas é a formação continuada e uma correlação com a experiência docente. Além da formação de graduação, especialmente com ênfase em licenciaturas, importante buscar uma formação continuada, se possível, envolvendo cursos de pós-graduações e/ou formações de curta duração alicerçadas em instituições renomadas pela qualidade dos cursos ofertados.

Esta formação continuada deve estar atrelada com a prática educativa do/a docente, possibilitando uma reflexão e uma conexão da teoria com a sua prática profissional constantemente. Com a complexidade das atividades educativas na contemporaneidade, que envolvem outros saberes e diversas formas de experienciar a aprendizagem; e a busca de compreender seu propósito profissional e de vida, aprimorando suas competências como um/a agente de transformação e trazendo significado para seu processo de desenvolvimento, o/a professor/a deve perceber que o processo de estudo é para a vida toda (*lifelong learning*).

A segunda competência destacada é o saber usar as novas tecnologias. Experimentar, testar e aplicar ferramentas tecnológicas no planejamento, na execução e na avaliação processual da aula é fundamental. O/A professor/a não precisa se preocupar em não ter o domínio completo da tecnologia, mas estar aberto/a para aprender com seus/suas pares e também para explorar tecnologias com os/as próprios/as estudantes.

As ferramentas tecnológicas, entendidas como meio e não como fim, necessitam de um/a professor/a que reflita sobre a sua prática e que coloque a tecnologia a favor da aprendizagem dos/as estudantes, considerando diversas formas de aprender e diferentes inteligências, atreladas, claro, aos objetivos de aprendizagem previamente estabelecidos. Destacamos a prática de curadoria e de produção de conteúdo de forma crítica, por parte do/a professor/a, em relação ao uso de recursos tecnológicos. Para isso, cabe ao/à professor/a orientar e apoiar os/as estudantes no consumo e produção de conteúdo utilizando tais recursos.

O terceiro destaque é para a necessidade de o/a professor/a estar atualizado/a com as novas didáticas propostas na contemporaneidade. As metodologias ativas, as aprendizagens colaborativas e outras que possibilitem engajar os/as estudantes e potencializar a aprendizagem devem fazer parte da prática docente. Não somente aplicar estas novas abordagens didáticas, mas analisar os processos, resultados e embasamentos teóricos. Hoje em dia, não se espera de um/a professor/a que siga uma tendência ou "moda" pedagógica, mas que reflita criticamente sobre seu percurso docente, analise os modelos pedagógicos, busque conhecer e escutar cada grupo de estudantes (necessidades, interesses, potências, conhecimentos, ideias, criações, tipos de inteligências, formas de aprender), e constantemente desenvolver trajetórias de aprendizagem significativas, personalizadas, contextualizadas e com possibilidades de atuação dos/as estudantes nas transformações da sua realidade.

A quarta competência em destaque é trabalhar em equipe e de forma colaborativa. O mundo hoje é colaborativo, as pesquisas científicas, a produção de tecnologia, as novas descobertas são realizadas não mais isoladamente, mas de forma participativa, na qual pesquisadores/as do mundo todo estão envolvidos/as na resolução de um problema. De igual maneira, há muitas oportunidades para se criar uma prática colaborativa entre educadores/as da mesma instituição e/ou de instituições distintas, por meio de uma atuação em redes colaborativas e comunidades de aprendizagem de educadores/as.

Saiba mais

. Confira uma prática colaborativa realizada por educadores/as da rede pública, de diferentes cidades e com objetivos comuns. Tal ação ampliou a percepção sobre a Educação e sobre as oportunidades de potencializar as práticas realizadas em sala de aula.

Acesso em: https://novaescola.org.br/conteudo/20298/parcerias-educadores-compartilham-como-trabalhar-em-redes-de-colaboracao

. Você sabia que o Ambiente Virtual de Aprendizagem (AVA) Moodle é um exemplo de produção colaborativa na educação? O Moodle é um software livre de apoio à aprendizagem e que conta com uma rede colaborativa de profissionais e pesquisadores/as para a melhoria do ambiente. Por ser aberta e gratuita, a ferramenta disponibiliza os códigos para que esses/as profissionais possam realizar melhorias e incorporar em novas versões do software. Acesso em: https://moodle.org/?lang=pt_br

---

Dando prosseguimento, o quinto destaque diz respeito à competência de avaliar a sua prática docente. Ter a postura de planejar e avaliar sua ação pedagógica, tendo um olhar atento para observar o que está sendo aplicado, refletir sobre ela e reorientar o seu trabalho continuamente.

O/a professor/a que fica estagnado/a em uma única forma de ensinar, que não revê suas práticas e os resultados alcançados está fadado/a ao erro, sem a perspectiva de esta falha poder se tornar oportunidade de melhorias. Além disso, a ação docente neste caso reverbera diretamente na experiência educativa e na vida dos/as aprendizes.

Para que a avaliação da prática aconteça é necessário que o/a professor/a tenha clareza dos objetivos pedagógicos e do planejamento de vincular tais objetivos com práticas significativas para os/as estudantes, considerando perfil de cada turma, interesses, necessidades individuais, coletivas, e formas de aprender. Além disso, a prática docente de escuta ativa, de pensamento crítico e de estratégias de envolvimento e desenvolvimento de uma atuação colaborativa com os/as estudantes. Experimentar diferentes formas de trabalhar um conteúdo também pode possibilitar a reflexão sobre as melhores estratégias didáticas para a turma, inclusive a possibilidade de mudança de rota durante o processo de aprendizagem.

Por fim, o sexto destaque refere-se ao ter <u>consciência do seu papel</u> na sociedade e a comprometimento com a aprendizagem integral dos/as estudantes. Para tal, necessário que o/a docente tenha entendimento pleno da sua profissão, que vem se ampliando ao longo do tempo e exigindo uma postura profissional, colaborativa, criativa e inovadora perante os seus pares e aprendizes.

Da mesma forma, deve considerar a contextualização e a busca por transformação coletiva da realidade e da comunidade escolar. Se os problemas sociais, culturais e ambientais estão impactando no "aprender" dos estudantes, por exemplo, o/a docente pode promover um olhar e uma prática de oportunidade de mudanças e transformações desta realidade. Pode, de forma coletiva e integrada, buscar alternativas e soluções para minimizar tal impacto e contribuir para a transformação da realidade local.

Frente ao que dialogamos até o momento sobre competências, gostaríamos de ampliar o diálogo trazendo as competências do futuro e as competências socioemocionais como fundamentais para uma percepção integral do/a profissional da educação. Entendemos como competências do futuro aquelas que são e serão esperadas dos/as profissionais nos próximos anos e que são condizentes com as próprias transformações que o mundo e as relações sociais e profissionais vem passando nos últimos tempos.

São competências fundamentais para o dia a dia, em nosso cotidiano pessoal, tanto quanto para as interações e criações na prática profissional, inclusive aquelas interações e criações que os aparatos tecnológicos não têm domínio ou capacidade de realizar por si. Dito de outra forma, são as competências, digamos, mais "humanas e comportamentais", diretamente ligadas a uma inteligência socioemocional e a um fazer mais criativo, adaptativo e colaborativo.

Segundo o relatório "The Future of Jobs 2020", desenvolvido pelo Fórum Econômico Mundial (*World Economic Forum*)[25], há uma mudança significativa quanto às competências do âmbito profissional para os próximos cinco anos. Se em décadas passadas foi um marco saber falar inglês e, em um período de tempo não tão distante, o marco foi a habilidade de

---

[25] Relatório completo e infográficos do The Future of Jobs 2020 em: https://www.weforum.org/reports/the-future-of-jobs-report-2020/in-full/infographics-e4e69e4de7/

coding e programação, estamos já vivenciando um novo marco: o das *soft skills*. E percebemos que, para além de indicar competências técnicas (*hard skills*) como tendência, cada vez mais também são primordiais competências ligadas ao comportamento humano.

Figura 16 - 10 principais competências de 2025

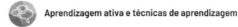
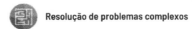

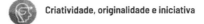
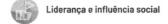

Fonte: tradução livre pelos autores do infográfico original do Relatório "The Future of Jobs 2020". World Economic Forum, 2020. Acesso em: https://www.weforum.org/reports/the-future-of-jobs-report-2020/in-full/infographics-e4e69e4de7/

Dessa forma, as competências socioemocionais e interacionais recebem cada vez mais destaque. Atualmente, potencializar e desenvolver essas competências, por meio de práticas de autoconhecimento e vivências de formação continuada, são peças essenciais para o constante aprimoramento profissional, para uma atuação mais condizente com um mundo em transformação, bem como para quem busca se destacar no mercado.

Praticar a resiliência e a adaptabilidade em cenários desafiadores, estar aberto/a ao novo e demonstrar abertura aos erros como oportunidades de melhorias são formas de buscar o aprimoramento. Atuar de forma colaborativa, criativa e inovadora, buscar participar de redes de educadores/as e de comunidades de aprendizagem, bem como desenvolver um olhar atento às individualidades e ao coletivo, exercer uma escuta ativa e uma comunicação não violenta podem contribuir para esta jornada.

Como vimos, para o/a educador/a que busca o aprimoramento de suas práticas, assim como para profissionais de outras áreas, destacamos ainda mais a importância de desenvolver competências que irão auxiliar um fazer pedagógico intencional, planejado, coerente com os objetivos, condizente com a realidade e que preze uma aprendizagem significativa, autônoma, atuante, crítica, criativa e transformadora ofertada aos/às aprendizes.

Dica para o Diário de Bordo

Você tem buscado cursos e práticas de aprendizagem para sua formação continuada? Sugerimos que você reflita e tome nota no diário de bordo sobre os interesses e necessidades que você identifica e que sejam convergentes com seus propósitos e sua jornada docente.

Sabia que, além de cursos ofertados por Universidades, também há instituições renomadas que oferecem formações, inclusive sendo muitas delas gratuitas? Confira algumas:

. Instituto Iungo: tem como propósito contribuir com a formação continuada de educadores/as de todo o Brasil. Acesso em: https://iungo.org.br/formacao-de-professores/

. Instituto Ayrton Senna: tem em sua missão o foco de produzir conhecimento e experiências educacionais inovadoras e inspiradoras. Acesso em: https://institutoayrtonsenna.org.br/pt-br/plataforma-humane.html

. Porvir: é uma das principais plataformas de conteúdos e mobilização sobre inovações educacionais do Brasil. Acesso em: https://porvir.org/como-inovar/

. Instituto Reúna: tem como missão reunir educadores, organizações e redes de ensino de todo o Brasil com foco em melhores práticas pedagógicas e curriculares na educação básica. Acesso em: https://www.institutoreuna.org.br/contents/para-escola

. Polo: ambiente de formação do Itaú Social, tem como propósito oferecer conteúdo e cursos que respondam aos principais desafios diários de quem trabalha e se interessa por educação. Acesso em: https://polo.org.br/

. CENPEC: organização da sociedade civil, tem como missão promover a equidade e qualidade na educação pública brasileira. Acesso em: https://www.cenpec.org.br/

. Fundação Bradesco: por meio do portal educacional Escola Virtual, favorece a aprendizagem ao longo da vida, com a oferta de cursos em diversas áreas de conhecimento, inclusive muitas relacionadas à educação. Acesso em: https://www.ev.org.br/cursos

. SEBRAE – portal de Educação Empreendedora: tem como uma de suas premissas desenvolver a educação empreendedora, para inspirar e despertar o potencial de cada ser humano. Acesso em:

https://www.sebrae.com.br/sites/PortalSebrae/educacaoempreendedora

III.II Perfis do/a professor/a ativador/a

Entendemos que o/a professor/a ativador/a é aquele/a que "ativa" uma atuação protagonista, colaborativa, criadora e transformadora por parte do/a estudante. O/A professor/a pode assumir diferentes papéis em decorrência das demandas de aprendizagem que se configuram em sala de aula e/ou em outros espaços de aprendizagem. Independente da combinação de diferentes perfis de atuação, o/a professor/a ativador tem como premissa ser facilitador/a ou mediador/a para que a experiência de aprendizagem do/a estudante ocorra de forma autônoma, crítica e significativa durante todo o processo.

O educador brasileiro Rubem Alves, ao refletir sobe o papel do/a professor/a, afirma que este/a deva ser um/a provocador/a da curiosidade, dos interesses, das descobertas, do processo de pensar e de elaborar o próprio conhecimento por parte do/a aprendiz. E o perfil de "provocador/a" é uma das possibilidades que destacamos aqui neste livro.

Saiba mais

Assista ao vídeo do educador Rubem Alves que faz algumas provocações sobre o papel do/a professor/a e diz que a função de um/a professor/a é instigar o/a estudante a ter gosto e vontade de aprender, de abraçar o conhecimento. Rubem Alves – A Escola Ideal – o papel do professor, YouTube. Disponível em: https://youtu.be/qjyNv42g2XU

Você ficou curioso/a para conhecer outros perfis de um/a educador/a ativador/a? Fundamental entender sobre a possibilidade de uma pessoa se identificar com mais de um perfil e perceber convergência entre eles. Da mesma forma é comum observar em você ou nos seus/suas pares alguns perfis mais desenvolvidos, outros menos e, ainda, aqueles que você nem sequer tenha experimentado até aqui. Afirmamos isso porque temos certeza de que você se sentirá instigado/a a explorar e a ampliar as próprias potencialidades e a atuar de forma cada vez mais "ativadora". Veja a seguir alguns destes perfis:

Figura 17 - Perfil professor/a ativador/a

Perfil Professor/a Ativador/a parte I

PROFESSOR/A ATIVADOR/A

Ativa as possibilidades de atuação dos/as estudantes nas próprias jornadas de aprendizagem e na construção de novos conhecimentos, inclusive considerando os saberes prévios, os interesses e as potências individuais e coletivas

PROFESSOR/A MEDIADOR/A
Faz a mediação entre estudantes, proporcionando trocas mútuas. Também faz a mediação do conhecimento do mundo com o conhecimento e interesse dos/as estudantes, proporcionando reflexões e aprendizagens

PROFESSOR/A PROVOCADOR/A

Provoca os/as estudantes a buscarem novas possibilidades e soluções, não aceitando o senso comum como resposta. Faz perguntas constantemente para ampliar as hipóteses e as descobertas dos/as estudantes

PROFESSOR/A PESQUISADOR/A
Pesquisa, estuda e busca atualizar seus conhecimentos e práticas constantemente. Também troca entre pares, compartilhando ideias e experimentando novas formas de atuar

PROFESSOR/A CURADOR/A

Realiza a curadoria (seleção com critérios de qualidade e intencionalidade pedagógica) de materiais, livros, sites, vídeos e demais recursos educativos

PROFESSOR/A PLANEJADOR/A
Planeja os projetos de estudo e as aulas conforme os objetivos pedagógicos e o perfil dos/as estudantes, adequando aos interesses, necessidades e potencialidades da turma. Também ajusta o planejamento durante o processo para aprimorar a experiência de aprendizagem

PROFESSOR/A OBSERVADOR/A

Observa os/as estudantes e a sala de aula para compreender o perfil e identificar as melhores formas de guiar as aprendizagens individuais e coletivas durante o processo de aprendizagem, além de questões atitudinais e de socialização

PROFESSOR/A DIALOGADOR/A
Promove o diálogo em sala de aula e busca incentivar que cada estudante exercite a comunicação como meio para o processo criativo e colaborativo

Perfil Professor/a Ativador/a _{parte II}

PROFESSOR/A ESCUTADOR/A
Realiza a escuta ativa junto aos/as estudantes, buscando compreender e acolher as ideias e as necessidades. Também incentiva que os/as estudantes possam exercitar a empatia por meio da escuta

PROFESSOR/A ACOLHEDOR/A
Acolhe as demandas, anseios e necessidades individuais e coletivas de maneira empática. Promove experiências para que os/as estudantes também exercitem o acolhimento entre si

PROFESSOR/A EXPERIMENTADOR/A
Experimenta novas metodologias em sala de aula e está disposto/a a inovar nas suas práticas, inclusive trazendo os/as estudantes para experimentar e desvendar novos métodos e ferramentas juntos/as

PROFESSOR/A FORMADOR/A
Tem a preocupação de formar o/a outro/a com consciência das suas potencialidades, incentivando-o/a a buscar oportunidades de desenvolvimento em diferentes dimensões formativas (intelectual, física, socioemocional, cultural, espiritual, ecológica)

PROFESSOR/A CONECTOR/A
Conecta pessoas (estudantes, docentes, familiares) em comunidades de aprendizagens e/ou em redes, com foco em promover processos criativos e colaborativos

PROFESSOR/A AVALIADOR/A
Avalia de maneira processual e formativa as experiências de aprendizagem, promovendo oportunidades de desenvolvimento individual e coletivo. Também avalia a própria prática pedagógica constantemente, e adapta o rumo conforme a necessidade

PROFESSOR/A TRANSFORMADOR/A
Tem a preocupação em transformar a experiência de aprendizagem dos/as estudantes, bem como promover a melhoria da realidade do entorno, incentivando as potencialidades de cada um/a e do grupo

Fonte: elaborado pelos autores (2022).

> **Dica para o Diário de Bordo**
>
> Agora que dialogarmos sobre os diferentes perfis de professores/as ativadores/as, gostaríamos de saber: Você acredita ser um/a educador/a ativador/a? Quais características da sua prática docente embasam seu ponto de vista a respeito? Você gostaria de atuar de forma mais ativadora?
>
> Aproveite para tomar nota no seu diário de bordo e oportunizar mais um momento de reflexão sobre sua prática docente. Faça isso em etapas:
>
> 1. Anote primeiramente quais características suas e da sua prática que lhe fazem pensar que você é (ou não) um/a professor/a ativador/a.
>
> 2. Confira, no infográfico sobre Professores/as Ativadores/as, os diferentes perfis ativadores que elaboramos. Tome nota do quanto você tem (ou não) de cada perfil ativador/a.
>
> 3. Você acredita que potencializando alguns perfis, isso contribuiria diretamente na sua prática, conforme os interesses, necessidades e potências do grupo de estudantes com o qual você atua?
>
> 4. Ao final, avalie quais as suas oportunidades de desenvolvimento em alguns perfis. Se possível, trace um paralelo direto entre o perfil a ser desenvolvido e como este ajudaria a "solucionar" alguma demanda ou desafio que você tenha em sua realidade docente.
>
> 5. Elabore alguns objetivos e primeiros passos para tornar esta reflexão um planejamento de ações concretas com foco em você potencializar o seu perfil ativador.

III.III Resumo

Neste terceiro capítulo, abordamos sobre as competências necessárias do/a docente para ativar, provocar e desenvolver junto aos/às discentes a melhor e mais significativa experiência de aprendizagem. Dialogamos sobre a importância da formação continuada do/a professor/a, considerando as necessidades de aprendizagem, o foco profissional e as condições objetivas de desenvolvimento e formação docente.

Por fim, destacamos o papel do professor/a ativador/a, trazendo várias possibilidades de conexão entre perfis que buscam, na sua individualidade e nas conexões entre os perfis, um fazer docente condizente às premissas de uma educação significativa, crítica e ativa.

No capítulo a seguir abordaremos métodos e ferramentas de aprendizagem, como meios para colocarmos em ação a perspectiva das metodologias ativas para uma prática docente transformadora.

Capítulo IV – Metodologias Ativas: métodos e ferramentas ativas de aprendizagem

Agora que já dialogamos bastante sobre como as metodologias ativas versam para um fazer pedagógico focado em uma visão sistêmica sobre a aprendizagem significativa dos/as estudantes, e que prioriza uma participação ativa, protagonista, criativa, crítica, colaborativa e transformadora, chegou o momento de dialogarmos sobre os métodos e ferramentas ativas de aprendizagem.

Abordaremos um repositório de metodologias ativas, destacando informações e reflexões importantes para a prática docente, tais como aprendizagem baseada em problemas, aprendizagem baseada em projetos, estudo de caso, aprendizagem em pares/times e sala de aula invertida. Também dialogaremos sobre o ensino híbrido e a relação deste com as metodologias ativas, destacando as oportunidades de gerar momentos ativos de aprendizagem, bem como personalizados e contextualizados.

Apresentaremos práticas extras, incorporadas ao campo da Educação, como *design thinking*, espaço *maker*, gamificação, STEAM, ou seja, práticas convergentes ao objetivo final de uma aprendizagem personalizada, significativa e ativa. A Educação Empreendedora, agregada ao diálogo, aponta para possibilidades de uma aprendizagem para a vida toda. E a reflexão acerca da chamada Educação 4.0, por sua vez, ressalta as oportunidades da prática docente embasada na mediação das experiências de aprendizagem.

Lembramos que realizar quaisquer dos métodos não significa que você estará aplicando metodologias ativas." Nesse sentido, uma intenção pedagógica, um planejamento sistêmico, um estudo sobre o seu público e suas necessidades, uma personalização do percurso de aprendizagem, uma escuta ativa, empática e uma comunicação não violenta, bem como uma avaliação formativa e processual, são algumas das peças de encaixe para as metodologias ativas serem ponte para uma experiência de aprendizagem significativa.

As metodologias ativas promovem, portanto, a aprendizagem ativa, uma atuação direta do/a estudante no processo, pensando e refletindo no que está fazendo e aprendendo. Elas são baseadas em atividades, desafios, problemas, jogos, nos quais cada estudante aprende no próprio ritmo e necessidade. Aprende também com os/as outros/as em grupos e em projetos colaborativos, em atividades cada vez mais complexas, em que tenham que tomar decisões e avaliar os resultados, com apoio de materiais relevantes e com supervisão de professores/as orientadores/as. Dessa maneira, o aprendizado se dá a partir de problemas e situações reais; os mesmos que os/as estudantes vivenciarão depois em suas vidas (MORAN, 2015).

Os métodos e ferramentas podem ser desenvolvidos em um ambiente presencial, assim como adaptados para um ambiente remoto (*online*), seja este síncrono ou assíncrono. E também podem ser articulados entre si, principalmente para favorecer as trilhas individuais de aprendizagem, bem como para potencializar o processo colaborativo e criativo desse processo. Atualmente, presenciamos muitas situações aplicadas em um modelo de ensino híbrido, o que contribui para a diversidade de experiências de aprendizagem. Conforme Moran,

> A aprendizagem mais intencional (formal, escolar) se constrói num processo complexo e equilibrado entre três movimentos ativos híbridos principais: a construção **individual** – na qual cada aluno percorre e escolhe seu caminho, ao menos parcialmente; a **grupal** – na qual o aluno amplia sua aprendizagem por meio de diferentes formas de envolvimento, interação e compartilhamento de saberes, atividades e produções com seus pares, com diferentes grupos, com diferentes níveis de supervisão docente; e a **tutorial**, em que aprende com a orientação de pessoas mais experientes em diferentes campos e atividades (curadoria, mediação, mentoria) (MORAN, 2018, p. 170).

IV.1 Repositório de metodologias ativas

Com o intuito de colocar em prática ou aprimorar as metodologias ativas que você já vem aplicando na sua realidade educacional, e considerando as reflexões até o momento abordadas neste livro, apresentamos a seguir um repositório com breves destaques e sugestões de atuação para cada método e ferramenta. Você poderá adequar e incrementar conforme sua realidade docente, sobretudo com foco no perfil dos/as estudantes com os quais você atua e conforme as suas intencionalidades pedagógicas.

Para cada proposta, haverá indicações breves, conforme os itens a seguir: o que é (introdução da proposta); preparação (dicas do que não se pode esquecer); desenvolvimento (sugestões para aplicação); competências (possíveis de serem desenvolvidas); professor/a (atuação como guia e mediador/a); avaliação processual (dicas do que considerar no processo); e destaques (do método ou prática).

1. Aprendizagem Baseada em Problemas – PBL

O que é: a Aprendizagem Baseada em Problemas – ABP, ou na sigla em inglês *Problem Based Learning* – PBL, envolve o trabalho em grupo e a discussão do problema de forma sistemática. O objetivo é colocar o/a estudante em contato com situações ou problemas que se aproximem da realidade, para que, utilizando seus conhecimentos, habilidades e atitudes, possam resolvê-los.

Preparação: para organizar o PBL, necessário que o grupo de estudantes, em geral, de até 10 participantes, escolha um/a coordenador/a e um/a secretário/a. Estes/as, junto ao grupo, definem as reuniões de trabalho e elaboração de um roteiro de estudo e pesquisa individual e em grupo (QUEIROZ, 2012).

Desenvolvimento: o grupo pode seguir estes "sete passos" para resolução da situação problema (QUEIROZ, 2012). E/ou incrementar outras etapas, conforme as intencionalidades pedagógicas:

Figura 18 - Sete passos do PBL

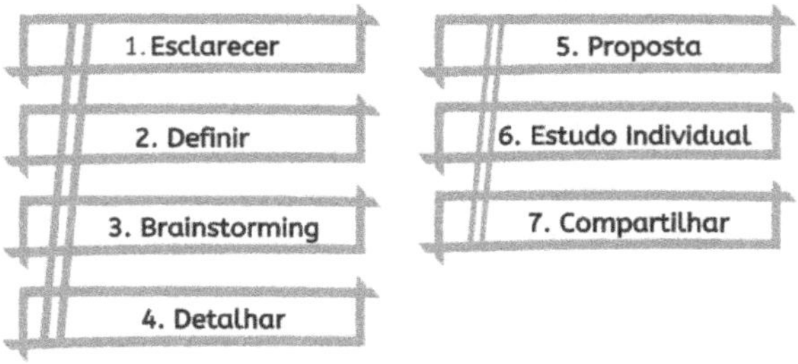

1. Esclarecer
2. Definir
3. Brainstorming
4. Detalhar
5. Proposta
6. Estudo Individual
7. Compartilhar

Fonte: QUEIROZ, 2012, adaptado pelos autores (2022).

1. Esclarecer: o grupo de estudantes busca identificar palavras, expressões, termos técnicos presentes no estudo do problema. Desta forma, procura conjuntamente esclarecer os termos. Caso não tenha um ponto esclarecido, procura-se colocar como objetivo de aprendizagem do estudo.
2. Definir: nesta etapa procura se identificar um ou mais problemas de estudo. Pode ser um problema real do entorno ou da comunidade dos/as estudantes e que, com esta proposta, busquem ações possíveis de se colocar em prática na solução deste problema. Também pode ser um problema de maior amplitude, por exemplo, algo que está acontecendo na sociedade global. O foco também é buscar soluções possíveis e factíveis de se tornarem ações. Pode ser criada uma pergunta norteadora para ilustrar o problema a ser resolvido.

3. Brainstorming: momento de reunião e diálogo, podendo ser utilizada a técnica de *brainstorming* (chuva de ideias), em que o grupo vai discutir os conhecimentos prévios sobre o problema a ser pesquisado. É um momento também de trazer algumas hipóteses para a resolução do problema.
4. Detalhar: procura-se resumir as discussões realizadas, listar os problemas, as hipóteses levantadas e as contribuições do grupo para a solução do problema.
5. Proposta: momento de elaboração da proposta, definindo os objetivos de pesquisa e de identificação dos pontos que precisam ter um maior detalhamento ou estudo para resolver o problema (QUEIROZ, 2012).
6. Estudo individual: nesta etapa é feito o estudo de textos, artigos, livros, entrevistas, questionários etc. dos temas e objetivos propostos na etapa anterior.
7. Compartilhar: nesta etapa é feita a discussão em grupo das descobertas individuais, integrando os conhecimentos do grupo e buscando a resolução do caso.

Competências: ao praticar o PBL, é possível desenvolver a autonomia, o pensamento crítico, a resolução criativa e inovadora de soluções. É uma prática que envolve também o trabalho em grupo de forma colaborativa, com escuta ativa, argumentação e resiliência. Ainda, permite desenvolver no/a estudante a competência de saber pesquisar em fontes confiáveis, analisando não somente o conteúdo, como também os repositórios e os endereçamentos, além de exercitar a competência de resolução de problemas complexos.

Professor/a: nesta proposta atua como tutor/a, mediador/a ou orientador/a que apoia os/as estudantes na condução da resolução de problemas que são cotidianos ou globais e os/as orienta nos estudos das diversas disciplinas ou áreas do conhecimento. Pode sugerir ou apoiar a elaboração da pergunta problematizadora, provocar diferentes formas de buscar a solução, sugerir meios ainda não considerados pelo grupo, além de dar e receber *feedback* dos/as estudantes. Inclusive pode incentivar que haja uma troca colaborativa entre os grupos, em que uma equipe possa contribuir com hipóteses extras frente aos problemas e/ou hipóteses das demais equipes, sempre buscando que as questões problematizadoras sejam abordadas e resolvidas.

Avaliação processual: deve considerar acompanhar o processo, as etapas, as elaborações/contribuições individuais e as interações coletivas. Pode previamente definir métricas para acompanhar o alcance dos objetivos de aprendizagem previamente definidos, como rubricas ou critérios de avaliação, por exemplo. Importante considerar não somente os conteúdos previstos com a atividade, como também o desenvolvimento e a prática de outras competências, como as elencadas acima. Ainda, no processo avaliativo, deve-se considerar a realização de uma autoavaliação dos/as estudantes e grupo, identificando pontos fortes ou pontos a serem desenvolvidos (SOUZA; DOURADO, 2015).

Destaques:

- Ao se trabalhar com PBL, há um incentivo importante para a construção da própria trilha de aprendizagem, com ênfase à autonomia, ao protagonismo e à resolução de problemas.

- É interessante engajar os/as estudantes com temáticas do interesse, que despertem a curiosidade em aprender e de forma contextualizada à realidade deles/as, assim como propor a experiência considerando a interdisciplinaridade, a interação, o dinamismo e a cocriação.

- Importante considerar que não existe uma resposta única para solução de um problema. Pelo contrário, a partir das pesquisas os/as estudantes podem encontrar várias respostas e hipóteses para o mesmo problema.

- Trabalhar com situações de desafio, situações complexas, que demandem mais de um tipo de solução ou demandem "pensar fora da caixa", sugerem que os/as estudantes deverão realizar os passos da PBL, construindo sua jornada de aprendizagem (objetivos, pesquisa, discussão, aplicação e elaboração de relatório/parecer) para solução do caso (QUEIROZ, 2012).

Dicas

Uma ferramenta para a etapa da chuva de ideias (brainstorming) é a realização de um mapa mental, primeiramente com o registro de todas as ideias sugeridas para, em seguida, organizar as ideias por convergência e semelhança ou agrupamentos, conforme as demandas da situação-problema. O interessante do mapa mental é a visualização sistêmica, as possibilidades de conexões entre as sugestões, bem como as reflexões, as oportunidades de melhorias das principais ideias e os caminhos listados para a solução do problema.

Existem ferramentas gratuitas na internet para elaboração de mapas mentais, tais como:

Padlet: https://pt-br.padlet.com/

XMind: https://www.xmind.net/

CMap Tool: https://cmap.ihmc.us/

MindMeister: https://www.mindmeister.com/

2. Aprendizagem Baseada em Projetos

O que é: a Aprendizagem Baseada em Projetos – ABP é uma metodologia em que os/as estudantes se envolvem com tarefas e desafios para desenvolver um projeto ou um produto.

Preparação: o trabalho deve iniciar com uma pergunta problematizadora e direcionadora que permita definir o tema de estudo e mobilizar os/as estudantes para a busca de respostas. Necessário também definir o tema do projeto ou produto, e criar os grupos de trabalho (preferencialmente com habilidades e formações diferenciadas e complementares).

Desenvolvimento: a proposta é que os/as estudantes, em grupo, se envolvam em pesquisas e atividades práticas para a elaboração de um projeto ou produto com foco na resolução de um problema real. O método possibilita a criação de um projeto ou um produto e segue um ciclo de realização, como o sugerido a seguir:

Figura 19 - Ciclo de realização da aprendizagem baseada em projetos

Fonte: BENDER, 2014, adaptado pelos autores (2022).

1. Planejar: é o momento de planejar o desenvolvimento do projeto com a definição de objetivos de aprendizagem a serem alcançados. Nesta etapa elabora-se um plano de ação com cronograma e roteiros coletivos e individuais a serem realizadas para a pesquisa em textos, entrevistas, recursos, vídeos e outros para realizar o aprofundamento do tema do projeto. Também se desenha uma proposta de solução para ser desenvolvido (BENDER, 2014).

2. Desenvolver: os grupos iniciam as investigações e se organizam em equipes de trabalho para que apresentem os estudos intermediários e as discussões das hipóteses, e vão se organizando na continuidade dos estudos e complementando as conquistas individuais e coletivas.

   Nesta fase é necessário realizar o que é a chamada expedição, ou seja, ir a campo realizar entrevistas, visitas *in loco*, aplicar questionários para complementar os estudos realizados para o desenvolvimento do projeto. Esta etapa permite o/a estudante estar próximo da realidade do problema e repensar os estudos realizados e a solução ou produto a ser desenvolvido (BENDER, 2014).

3. Monitorar: é o acompanhamento da realização do plano de ação e dos roteiros de estudos e pesquisa. Uma alternativa de monitoramento é a elaboração de um portfólio na qual os/as estudantes vão demonstrando as conquistas e aprendizagens realizadas ao longo do projeto.
4. Avaliar: nesta etapa se tem o processo de resgate dos objetivos elaborados inicialmente para avaliar se foram alcançados, se a solução ou produto construído no projeto responde a pergunta problematizadora e discutir as aprendizagens coletivas. Neste momento é possível o grupo apresentar, por meio de uma atividade, a solução de intervenção da realidade do problema identificado. Também importante instigar junto aos/às estudantes o olhar processual da avaliação, convidando-os/as a analisar como foram as etapas desenvolvidas e como cada uma contribuiu para a ampliação do conhecimento e o desenvolvimento das competências deles/as.
5. Encerrar: é a etapa de fechamento do projeto, podendo estar em um relatório final, uma apresentação coletiva, um debate colaborativo, dentre outras opções. Também possibilita uma reflexão sobre os possíveis desdobramentos do projeto.

Competências: esta metodologia pode desenvolver o pensamento crítico, resolução de problemas, busca de soluções criativas e inovadoras, argumentação e comunicação, escuta ativa, resiliência, trabalho em equipe e colaboração, gerenciamento de tempo. Ainda, incentiva o protagonismo e a coautoria no seu processo de aprendizagem, dentre outras possibilidades.

Professor/a: tem o papel de tutor/a e orienta os/as estudantes na elaboração dos objetivos de aprendizagem, bem como na elaboração dos roteiros de estudos e pesquisa para se alcançar os objetivos propostos. Na etapa de desenvolvimento pode apoiar e provocar o aprofundamento de algum tema ou ponto específico, auxiliar no foco do projeto e no gerenciamento do tempo, bem como contribuir para uma reflexão constante se estão sendo desenvolvidos os objetivos de aprendizagem inicialmente definidos, e quais alternativas no processo podem ser consideradas para suprir da melhor forma a experiência de uma aprendizagem baseada em projetos. Também pode incentivar que as equipes busquem informações entre áreas de conhecimento, bem como profissionais da comunidade para contribuírem com outras experiências e perspectivas.

Avaliação processual: as conquistas devem ser acompanhadas em todas as etapas, de forma individualizada e coletiva. Como sugestão, podem ser acompanhadas em momentos de registrar o que se sabia antes sobre a temática, o que foi descoberto em cada etapa, quais curiosidades ou desafios ficaram em aberto ou suscitaram desta prática, como tais descobertas se relacionam com os objetivos de aprendizagem propostos, bem como com o desenvolvimento das competências citadas acima.

Destaques:

- A metodologia da Aprendizagem baseada em Projetos busca uma solução com um projeto ou produto, possibilitando assim um retorno efetivo para a sociedade. Por exemplo, não basta somente saber entender o motivo do rio estar poluído, mas propor um projeto que possibilite a sua revitalização, ou seja, definir ações efetivas.

- O tempo do projeto vai depender do tema e da problemática a ser solucionada. Em geral, os projetos com crianças de educação infantil ou ensino fundamental I devem ser mais curtos, mas com estudantes do ensino fundamental II, ensino médio e ensino superior podem ser de médio prazo. Neste sentido, importante detalhar os momentos e tempos semanais de encontros para o trabalho do projeto.

- As tecnologias também permitem os/as estudantes se organizarem de forma remota, utilizar dos recursos digitais de vídeos, gravações e fotos e demais aplicativos para o desenvolvimento do projeto ou também da apresentação do produto a ser desenvolvido.

Saiba mais

. Assista ao vídeo do CIEB – Centro de Inovação para a Educação Brasileira sobre a metodologia Aprendizagem baseada em Projetos.

Acesse em: https://youtu.be/FYgpi41UrQo

. Assista ao vídeo do Instituto Iungo sobre Metodologias Ativas, especificamente sobre Aprendizagem Baseada em Problemas, Aprendizagem baseada em Projetos e Estudos de Caso, com o professor Ulisses Araújo (USP), uma referência em pesquisa sobre Metodologias Ativas no Brasil.

Acesse em: https://iungo.org.br/material/metodologias-ativas-de-aprendizagem-1/

Dica

Uma ferramenta gratuita e colaborativa para realizar projetos é o Trello. Nele os/as estudantes podem organizar as etapas do projeto, definir responsáveis e prazos. Ele é bem simples e fácil de usar e organiza as ações em quadros que permite ver todo o processo e etapas do projeto.

Acesse em: https://trello.com/pt-BR

3. Estudo de caso

O que é: o estudo de caso é uma abordagem de ensino baseada em situações de contexto real na qual o/a estudante necessariamente deverá utilizar os conhecimentos desenvolvidos em aula para a análise e/ou solução do caso.

Preparação: os casos devem ser situações ou eventos reais ou próximas da realidade e contar uma história com os detalhes de informações necessárias para o entendimento do contexto pelo/a estudante. A descrição do caso pode ser simples ou mais elaborada, usando gráficos, tabelas e/ou imagens, dependendo do perfil dos/as estudantes.

Importante que o/a professor/a faça alguns questionamentos para a escolha ou a criação de um caso (SERRA e VIEIRA, 2006):

- O que eu espero que o/a estudante aprenda com o caso?
- Quais conhecimentos o/a estudante já possui para a solução do caso?
- E quais os conhecimentos que ele/a precisa pesquisar/estudar para a solução do caso?
- Qual vai ser o comando da atividade? Tempo? Distribuição dos grupos?
- Como os/as estudantes vão se organizar a resolução do caso? Precisam pesquisar, escrever um relatório, realizar uma apresentação?
- O que se espera que o/a estudante produza? Como vai ser avaliação processual dos/as estudantes?

Desenvolvimento: esta é uma opção básica de sequência para desenvolver o estudo de caso, na qual podem ser agregadas complexidades nas fases ou adicionar novas etapas.

Figura 20 - Sequência para a realização de estudo de caso

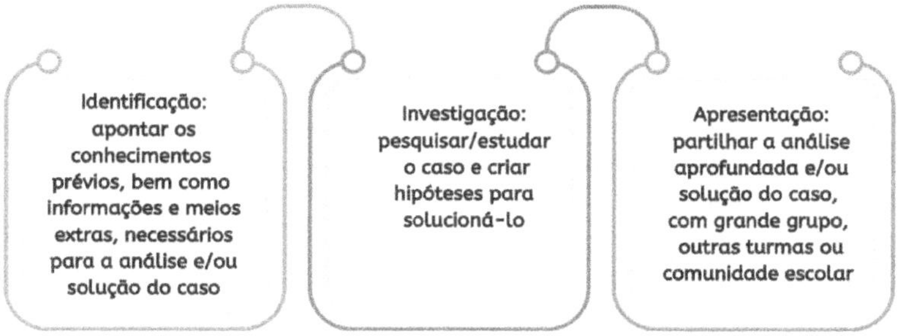

Identificação: apontar os conhecimentos prévios, bem como informações e meios extras, necessários para a análise e/ou solução do caso

Investigação: pesquisar/estudar o caso e criar hipóteses para solucioná-lo

Apresentação: partilhar a análise aprofundada e/ou solução do caso, com grande grupo, outras turmas ou comunidade escolar

Fonte: elaborado pelos autores (2022).

1. Identificação: apontar os objetivos do estudo de caso, os conhecimentos prévios do grupo, e definir um plano de ação. Considerar a busca de informações e meios extras, e como será o próprio processo de análise do caso.
2. Investigação: pesquisar em diferentes fontes, comprovadamente científicas e/ou acadêmicas, dialogar de forma analítica e construir colaborativamente as melhores hipóteses para resolução do caso.
3. Apresentação: após a discussão em grupos pequenos ou individualmente, existe o momento da discussão em grupos maiores ou com a classe toda para se debater e averiguar a apresentação e a argumentação das hipóteses analíticas e/ou de resolução do caso. Também é interessante compartilhar com outras turmas e/ou comunidade escolar, caso se verifique a pertinência, conforme as intencionalidades pedagógicas da proposta.

Competências: autonomia, pensamento analítico e crítico, resolução de problemas, argumentação, síntese, trabalho em equipe, criatividade, colaboração, escuta ativa, gerenciamento do tempo, dentre outros.

Professor/a: na atuação de guia, deve ter o cuidado de sugerir ou apoiar na escolha dos estudos de caso, contribuir para os grupos ou cada estudante concentrar nas prioridades de análise de um estudo de caso, bem como incentivar as conexões entre os objetivos e os conteúdos da atividade. Também pode provocar a criatividade em soluções diferentes, ressaltar algum ponto que não tenha ficado claro ou tenha ficado de fora das abordagens, para uma nova rodada coletiva de reflexão. É possível contribuir para o foco da análise e guiar o diálogo, se necessário, com o devido cuidado para não interferir na produção do grupo. Neste momento, o/a professor/a poderá fazer novas problematizações, de forma que os grupos sejam instigados a irem além dos próprios achados, ou a complementarem os achados dos demais grupos.

Avaliação processual: acompanhar os grupos ou individualmente, escutar e promover questões problematizadoras que impulsionem a interação e a produção, observar dificuldades e facilidades no processo, realizar *feedbacks* durante a produção e ao final, na apresentação. Considerar o processo formativo em relação aos objetivos e intencionalidades pedagógicas definidas, e não apenas o resultado final. Importante que o caso tenha uma solução prévia conhecida pelo/a professor/a, no entanto, também existe a possibilidade dos/as estudantes seguirem por caminhos diversos para a solução dele. Este percurso deve ser respeitado e incorporado na avaliação.

Destaques:

- O estudo de caso deve possibilitar não uma única resposta, mas que seja aberto para mais de uma possibilidade. Tenha relevância e seja significativo para que os/as estudantes se engajem na sua resolução e que provoquem o debate a discussão de diferentes opiniões. Por fim, que sejam relevantes para o contexto da disciplina, dos conteúdos programáticos trabalhados e dos objetivos de aprendizagem que se pretendem alcançar (SERRA e VIEIRA, 2006).

- Com o caso é possível uma personalização do ensino, pois na medida em que uma ou mais equipes avancem na sua solução, o/a professor/a pode propor novos desafios, garantindo que os grupos mais adiantados continuem engajados ou desafiados na tarefa e os grupos com maior dificuldade mantenham o foco na solução do caso inicialmente proposto.

Saiba mais

Assista ao vídeo sobre a metodologia de estudo de caso do Canal SESC MG. O vídeo apresenta a ferramenta para a tomada de decisão e que coloca os/as estudantes em situações que demandam reflexão acerca do caso apresentado, articulando os diferentes saberes.

Acesse em: https://youtu.be/Z8fifpMbY7U

Dica

Conheça a Central de Cases, uma iniciativa da ESPM para a produção e utilização de casos para ensino, sendo fornecedora de casos de alta qualidade para o público interno e para as demais Instituições de ensino superior, principalmente nos temas não existentes no mercado acadêmico. Pesquise no Banco de Casos os temas de seu interesse: https://pesquisa.espm.br/case/

4. Aprendizagem entre pares ou times – TBL

O que é: a Aprendizagem entre pares e times – do inglês *Team-based Learning* (TBL) e/ou Peer Instruction (PI) procura criar oportunidades de aprendizagem e estimular a troca e a construção de conhecimento por meio do benefício do trabalho em duplas ou equipes. Esta estratégia coloca o/a estudante como protagonista e como desenvolvedor/a do próprio processo de aprendizagem, podendo exercitar a autonomia, a colaboração, a escuta ativa e a cocriação.

Preparação: um ponto importante do trabalho em pares e times é a organização dos grupos, compondo-os com estudantes de diferentes perfis, interesses e estilos de aprendizagem. Por exemplo, montar um time somente com estudantes que gostam de exatas, ou que tem o "mesmo" estilo de aprendizagem, não permitirá uma troca diversa e, portanto, com mais potencial para a criação e prática do pensamento crítico. Neste sentido, a diversidade garante um processo de troca de ideias mais intenso de cocriação.

Destaca-se o papel de planejamento do/a professor/a, procurando identificar o objetivo de aprendizagem esperado para a atividade da aula, possibilitando interação entre os/as estudantes, potencializando a aprendizagem.

Desenvolvimento: a TBL pode estar organizada nos seguintes estágios (MICHAELSEN; PARMELEE; MCMAHON, LEVINE, 2008):

Figura 21 - Etapas da aprendizagem em times ou pares

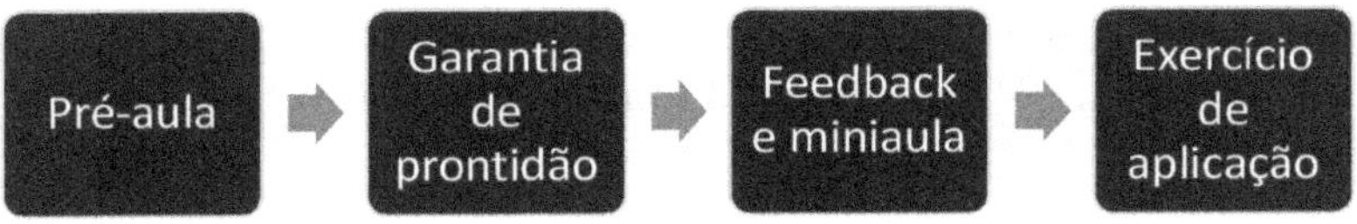

Pré-aula ➡ Garantia de prontidão ➡ Feedback e miniaula ➡ Exercício de aplicação

Fonte: elaborado pelos autores (2022).

1. Pré-aula: no estágio de preparação da pré-aula, os/as estudantes estudam usando materiais de leitura, artigos científicos, livros didáticos ou vídeos.

2. Garantia de prontidão: no estágio de garantia de prontidão, pode ser aplicado um Teste de Garantia de Prontidão Individual (*Individual Readiness Assurance Test – iRAT*) e um Teste de Garantia de Prontidão da Equipe (*Team Readiness Assurance Test – tRAT*). Em ambos os testes, são aplicadas perguntas de múltipla escolha (questões objetivas) com foco no conceito central da aula.

   Como preparação do *tRAT*, o/a professor/a pode organizar a turma em times buscando aliar uma diversidade de habilidades e conhecimentos dos/as estudantes em grupos, favorecendo a interação deles/

as, bem como práticas de cooperação e colaboração. No *tRAT* é feita uma discussão de construção de consenso para apoiar o processo de tomada de decisão das respostas das questões. Nesta etapa há a prática de trocas entre os/as estudantes, compartilhamento do que conhecem e das dúvidas. Juntos/as, buscam construir suas hipóteses e este processo acontece de forma dinâmica, possibilitando que partam para novos conhecimentos.

3. Feedback e miniaula: no estágio de *feedback* e miniaula, o/a professor/a fornece um *feedback* por meio de discussões em equipe e interações entre estudante-professor/a. Também é possível sugerir um diálogo de toda turma, para verificar as hipóteses e achados de todos/as, as convergências, os pontos diferentes, bem como dúvidas e curiosidades que permaneceram sobre o tópico trabalhado. Em seguida, o/a professor/a realiza uma pequena exposição ou miniaula para revisão dos conceitos centrais que foram trabalhados nos testes em *iRAT* e *tRAT*. Desta forma, o/a estudante revê os conceitos de diferentes formas e abordagens.

4. Exercício de aplicação: Em seguida, os/as estudantes são preparados/as para resolver um problema complexo, ou seja, a equipe recebe um exercício de aplicação do conceito próximo da realidade (pessoal ou profissional) do mundo real para resolver. Nesta etapa, o/a professor/a acompanha a aplicação do exercício prático, incentivando que o processo de aprendizagem ocorra de forma interativa e colaborativa.

Competências: ao argumentar e defender a sua resposta para a questão, esta metodologia desenvolve a iniciativa, colaboração, trabalho em equipe, metacognição, comunicação oral e escrita para explicar, exemplificar, ilustrar etc.

Professores/as: o/a professor/a, como mediador, poderá ir exigindo cada vez mais e desafiando os grupos a permanecerem engajados e motivados, permitindo que os/as estudantes desenvolvam seus conhecimentos e habilidades necessárias para o desafio proposto.

Avaliação Processual: nesse processo, os/as estudantes podem praticar a avaliação processual em pares ou times também, possibilitando que eles/as façam a avaliação de atividades e processos no grupo, além de receberem o feedback da atividade do/a professor/a na própria aula.

Destaques:

- A metodologia surgiu nas aulas de física da Universidade Harvard, nos Estados Unidos. Na aula os/as estudantes, divididos/as em duplas, respondiam questões do conteúdo proposto, e se percebeu que um/a auxiliava o/a outro/a na resolução das questões, criando um maior engajamento e aprendizagem (MAZUR, 2015).

- Importante criar um clima de cooperação e colaboração em sala de aula, entre professor/a e estudantes, esclarecendo que não é uma competição e nem será cobrado "notas" das respostas corretas ou incorretas das tarefas, mas que se está estimulando o processo de reflexão dos conceitos e temas para a aprendizagem (MAZUR, 2015).

- O *peer instruction* também pode usar recursos tecnológicos, como *flashcards*, *clickers* ou plataformas de votação na Web para as respostas das questões, ou analógico, como cartões com alternativas ou mesmo levantando a mão."

Dica

Uma proposta próxima da metodologia *Peer Instruction* (PI) é a organização de duplas produtivas, ou seja, unir duas pessoas com conhecimentos distintos ou uma pessoa com mais experiência e outra com menos sobre o assunto para estudarem juntas.

Saiba mais

. Quando se trabalha com grupos é importante conhecer as dinâmicas de grupo, jogos, dramatizações, técnicas participativas e colaborativas, que possibilitem discutir temas polêmicos, desenvolver competências e atitudes, aprendizagens e estimular que sejam externados conflitos (do indivíduo e do grupo). Uso de dinâmicas de grupo e colaborativas como *world* café, grupo ação e observação, Ciclo Vivencial de Aprendizagem – CAV, potencializam a aprendizagem e desenvolvem competências atitudinais.

. O *Socrative* é uma aplicação simples de elaboração de questionários (preparação de testes, *quizzes* etc.) que pode ser usada em sala de aula para receber *feedback* em tempo real da aprendizagem, como na metodologia *Team-based Learning* (TBL) e/ou *Peer Instruction* (PI). Através de um sistema de perguntas e respostas o/a professor/a pode recolher, em tempo real, as respostas dos/as estudantes via celular, percebendo melhor a sua compreensão relativa aos temas em estudo na aula.

https://www.socrative.com/

5. Sala de aula invertida

O que é: a sala de aula invertida propõe inverter, propriamente, formas de realizar ou apresentar atividades, bem como responsáveis pelas etapas, com o objetivo de estimular o interesse, a descoberta, o compartilhamento, e descentralizar a explicação/produção do conteúdo. A ideia central da sala de aula invertida é que a explicação do conteúdo vem antes, buscada/criada pelo/a estudante, muitas vezes de forma remota (sob a perspectiva do modelo de ensino híbrido), e durante a aula são realizadas as atividades que permitem consolidar a aprendizagem.

Preparação: definir/sugerir os materiais, fontes e meios para as etapas, sobretudo a de exploração, conforme as intencionalidades pedagógicas e objetivos de aprendizagem.

Desenvolvimento: a sala de aula invertida pode ser organizada em três momentos básicos. É possível inserir outras etapas, conforme a complexidade da proposta:

Figura 22 - Momentos da sala de aula invertida

1. Explorar   2. Aprofundar   3. Sistematizar Compartilhar

Fonte: elaborado pelos autores (2022).

1. Exploração: os/as estudantes, individualmente ou em grupos pequenos são estimulados/as a realizar uma pesquisa prévia ou explorar sobre um tema de interesse e/ou indicado pelo/a professor/a. Também podem ser indicados textos, vídeos, videoaulas, fóruns de discussão e/ou outros materiais de estudo e pesquisa para que o/a estudante tenha um primeiro contato com o conteúdo a ser trabalhado posteriormente na aula. Neste sentido, esta etapa é dirigida por questões preparadas pelo/a professor/a para guiar o/a estudante.

    Nesta etapa de preparação, garante-se o respeito ao ritmo de aprendizagem individual, pois o/a estudante irá explorar os materiais no seu tempo e na ordem que desejar. Também poderá revê-los se não entender determinado conceito ou tema. Ainda, ele/a poderá realizar pesquisas complementares para entender o tema ou aprofundar conhecimentos.

Em uma oportunidade de aprofundar mais a etapa seguinte, na fase atual o/a professor/a pode propor enquetes e fóruns diagnósticos para identificar o quanto os/as estudantes/as avançaram nas descobertas por meio das pesquisas (o que eu sabia antes / o que eu sei agora / o que me deixou curioso/a ou eu gostaria de aprofundar em aula) e, assim, definir quais direcionamentos possíveis para a etapa seguinte.

2. Aprofundamento em aula: em geral, em sala de aula presencial ou remota, os/as estudantes são convidados/as a aprofundar a exploração prévia, colocar em uso os conhecimentos construídos na etapa de preparação e realizar novos estudos e pesquisas para o aprofundamento do conhecimento, de forma prática e colaborativa. Também podem ser instigados/as a resolver uma situação problema (que pode ser um estudo de caso também), experimentos e elaborar uma forma de apresentar sua produção.

Interessante o/a professor/a instigar esse momento com perguntas criativas, como forma de explorar e compartilhar as pesquisas prévias: o que foi aprendido na etapa anterior? Que formas diversificadas você buscou os mesmos conteúdos? Você encontrou respostas diferentes e opostas para a mesma questão? Algo lhe deixou surpreso e/ou curioso? Como você pode vincular este conteúdo com seu dia a dia ou algo que você ou alguém que você conhece tenha vivido ou presenciado? Quais mudanças você proporia?

3. Sistematização: o/a professor/a realiza uma discussão com os grupos sobre a atividade realizada e procura organizar, em parceria com os/as estudantes, os temas abordados e aprendizagens realizadas. Esta etapa pode ser realizada por meio de uma apresentação e sistematizada em uma forma criativa de registro e compartilhamento.

Competências: iniciativa, pesquisa, reflexão crítica, protagonismo, bem como comunicação, colaboração e cocriação podem ser algumas competências desenvolvidas nesta prática.

Professores/as: atua como planejador/a dos caminhos/trilhas de aprendizagem, como mediador/a, incentivando a busca de informações, a análise crítica, bem como o compartilhamento, a troca e a colaboração entre estudantes. Pode complementar a experiência provocando novos olhares por meio de perguntas problematizadoras e esclarecendo dúvidas ao longo do processo de aprendizagem. É quem planeja as atividades presenciais e *online* (híbridas), nos momentos de pré-aula, aula e pós-aula.

Avaliação Processual: a avaliação processual pode acontecer por meio do acompanhamento das etapas, de forma individual e coletiva, observando não só a construção do conhecimento em relação ao tópico abordado, como também a interação e o desenvolvimento de outras competências. Por usar uma metodologia de educação híbrida, permite avaliar ambos os momentos (presencial e *online*), fornecendo *feedbacks* ao longo do processo de aprendizagem e nos momentos mais desafiadores dos/as estudantes. Ainda, possibilita a realização de avaliação diagnóstica integrada com o intuito de identificar os conhecimentos prévios dos/as estudantes.

Destaques:

- Na sala de aula invertida o uso de recursos digitais disponíveis são essenciais, possibilitando que o/a estudante tenha acesso a diversas informações disponibilizadas na internet, bem como potencializar o processo de aprendizagem por meio de troca e socialização. Neste sentido, o/a docente pode utilizar recursos, tais como a gravação de aulas em vídeo, *podcast*, elaboração de questões e *quizzes*, organização de murais digitais, o uso de recursos de documentos compartilhados na nuvem e que podem ser confeccionados colaborativamente.

- Em algumas situações, o/a professor/a também pode solicitar uma sistematização do conhecimento feito posteriormente ao momento presencial ou prático para que o/a estudante entregue de forma individual ou em grupo.

- Um recurso que pode ser utilizado são os "roteiros de aprendizagem" customizado por participante ou turma com atividades antes, durante e depois da aula.

Saiba mais

. O programa Janelas de Inovação – Projeto Sala de Aula Invertida da Fundação Telefônica Vivo apresenta um caso de sala de aula invertida que vem sendo aplicado desde 2012 no campus da USP em Lorena, interior de SP. Nesta metodologia os/as estudantes contam com recursos tecnológicos para aprender ativamente e se empoderarem do próprio aprendizado.

Acesso em: https://youtu.be/iaKzy4WzKK4

. Assista ao vídeo de entrevista sobre sala de aula invertida com Andrea Ramal, doutora em Educação; Gabriel Elmôr, professor do IME e consultor do GEN Educação, exibido pelo Canal Futura. No vídeo são explorados o conceito de sala de aula invertida e as práticas de aplicação em algumas escolas. Exibição: 10 de agosto de 2017. Acesso em: https://youtu.be/pADyAN15cZ0

IV.II. ENSINO HÍBRIDO E METODOLOGIAS ATIVAS

Sob os holofotes das metodologias ativas, gostaríamos de destacar a prática do ensino híbrido. Organizar as experiências significativas de aprendizagens costurando práticas tecnológicas e não tecnológicas, presenciais e remotas, síncronas e assíncronas podem oportunizar que as intencionalidades pedagógicas planejadas se transformem em práticas ativas, contextualizadas, personalizadas e, de fato, significativas para crianças, jovens e adultos.

O ensino híbrido é uma tendência da educação na contemporaneidade, pois integra educação e tecnologia, combinando o presencial e *online*. No entanto, não basta ter o uso de equipamentos tecnológicos nos processos de ensino, mas devem ter uma intencionalidade pedagógica que potencialize o que se tem de melhor nestes dois formatos de ensino (presencial e *online*). Alguns destaques importantes: repensar o planejamento de ensino, o envolvimento e engajamento nas atividades, os processos colaborativos e interativos. Propostas diversificadas que equilibrem momentos de maior exposição de conceitos e momentos de mão na massa; atividades que utilizem diferentes tipos de materiais e meios de aprendizagem. Além disso, importante considerar a gestão do tempo da aula, das participações e da adequação das propostas conforme o envolvimento, interesse e a energia da turma.

Saiba mais

Assista a entrevista da professora Lilian Bacich sobre Ensino Híbrido. Ela fala das possibilidades de integrar as tecnologias digitais ao ensino e os benefícios do ensino híbrido no dia a dia da sala de aula, pois a tecnologia permite uma aproximação da realidade do/a estudante, além de melhor acompanhamento do processo de aprendizagem por parte do/a professor/a.

Veja em: https://youtu.be/VFk_EFMWv10

Valente (2014) diz que o ensino híbrido, misturado ou *blended learning* possibilita que parte das atividades do/a estudante possa ser realizada a distância e parte em sala de aula presencial. Com esta estratégia, o/a estudante deve realizar a gestão da sua aprendizagem nos momentos *online*, potencializando os momentos presenciais.

Valente (2014) também descreve o modelo híbrido como:

> O conteúdo e as instruções devem ser elaborados especificamente para a disciplina ao invés de usar qualquer material que o aluno acessa na internet. Além disso, a parte presencial deve necessari-

amente contar com a supervisão do professor, valorizar as interações interpessoais e ser complementar às atividades *online*, proporcionado um processo de ensino e de aprendizagem mais eficiente, interessante e personalizado. (VALENTE, 2014, p. 84).

Neste sentido, o ensino híbrido (presencial e *online*) pode usufruir das novas tecnologias para projetos de colaboração e cooperação, de busca e análise de informações, de professores/as e estudantes estarem próximos virtualmente. Os projetos educativos devem considerar a aprendizagem em rede, estimulando a comunicação e a colaboração entre os/as estudantes, possibilitando a troca de informações, pesquisas e a construção/ampliação do conhecimento. Lembramos que devem considerar o uso crítico dos meios eletrônicos pelos sujeitos, pois, não basta ter acesso a um turbilhão de informações, mas deve se saber o que fazer com estas.

Michael B. Horn e Heather Staker (2015) apresentam, como uma das possibilidades de prática do programa de ensino híbrido, o "Modelo de Rotação". O modelo de rotação de um curso ou disciplina alterna diferentes modalidades de aprendizagem, presencial e *online*, dentro ou fora do ambiente da instituição de ensino, individual ou em grupo, com ações planejadas pelo/a professor/a. O modelo é dividido em quatro subgrupos:

- **Rotação por Estações:** possibilita que o/a estudante circule em diversas estações, dentro ou fora da sala de aula, e que foram planejadas pelo/a professor/a. Dentre as possibilidades de atividades de estudo, estão a pesquisa, a busca de informações, a leitura dirigida, a resolução de problemas e desafios; a construção de hipóteses, soluções, bem como a elaboração de recursos de síntese e de apresentação sobre o tema trabalhado. As atividades podem ser ora individuais, ora em pares, ora em grupos. A rotação por estações pode contemplar, ainda, algumas atividades *online* e outras atividades presenciais.

- **Laboratórios Rotacionais:** planejados por um ou mais professores/as (interdisciplinaridade), sugere que o/a estudante, individualmente, em grupos, ou metade da turma, circule por diversos "laboratórios" dentro da instituição, oferendo espaços para estudos dirigidos, monitoria, dinâmicas de grupo, oficinas/vivências, estudo de caso, palestras com profissionais etc., incluindo um laboratório de informática com atividades *online*.

- **Rotação Individual:** considerando um curso ou disciplina em que o/a estudante tenha um cronograma individual de aprendizagem, são estabelecidas as atividades que deve contemplar em sua rotina para cumprir os temas a serem estudados. As propostas podem ser de atendimento via monitoria, de estudo dirigido, de aula expositiva presencial, de atividades dialogadas e de produção, de projetos em grupos, de estudo e/ou exercícios *online*, em horários prefixados. O desafio neste modelo é a personalização do ensino para cada um/a dos/as estudantes, incluindo tipos de materiais e de atividades que se aproximem ao estilo de aprendizagem individual.

- **Sala de Aula Invertida:** como já abordamos, é conhecida também por *flipped classroom*, na qual o/a estudante inicialmente estuda *online* (fora da sala de aula) sobre a teoria, ou seja, pesquisa, busca informações sobre conceitos centrais ou baseado em uma questão norteadora para, em um segundo momento, interagir na aula presencial. Este momento privilegia o presencial como um ambiente de aprendizagem ativa, para práticas, resolução de atividades e elaboração de projetos individuais ou em grupos, orientados pelo/a professor/a.

Outros três modelos também são apresentados pelos autores (HORN e STAKER, 2015):

- O **modelo** *flex* considera o processo de aprendizagem do/a estudante que se dá via plataforma *online*, sendo "flexível" o suporte ao/à estudante nos momentos presenciais, podendo ser de um/a professor/a, com o intuito de guiar e promover a realização da atividade de forma ativa.

- O **modelo** *blended* **misturado** consiste na possibilidade de o/a estudante escolher realizar uma ou mais disciplinas *online*, de forma a complementar o currículo e as disciplinas presenciais.

- O **modelo virtual enriquecido** enfatiza as disciplinas *online*. Este modelo difere do *blended* misturado, pois a maior parte do processo de ensino acontece na modalidade EAD.

Como vimos, a flexibilidade do modelo "híbrido" possibilita que o/a estudante vivencie diferentes práticas no seu processo de aprendizagem, bem como potencializa a autonomia, a atuação e a interação do/estudante. Além disso, pode promover o processo colaborativo, o pensamento crítico e a prática de o/a estudante construir sua trajetória. O/a professor/a atua como mediador/a e incentivador/a das experiências, podendo incrementar com mais desafios e complexidades, conforme o perfil de cada estudante. Dessa forma, se destaca a possibilidade de personalização do ensino-aprendizagem.

> **Saiba mais**
>
> O livro "Blended: usando a inovação disruptiva para aprimorar a educação", de Michael B. Horn e Heather Staker (2015), é uma referência para quem estudo o ensino híbrido. Eles apresentam neste livro os diferentes tipos de inovação na educação e traz um guia completo de implementação do ensino híbrido em instituições de ensino e de como construir um sistema educacional centrado no/a estudante.

IV.III. CONTRIBUIÇÕES EXTRAS PARA A ÁREA DA EDUCAÇÃO: NOVAS TENDÊNCIAS EDUCATIVAS

Como já vimos, há contribuições de outras áreas que vamos integrando no campo da Educação em busca de práticas ativas e significativas de aprendizagem. Além disso, do próprio meio da Educação, abarcando novas perspectivas, para além das que abordamos até aqui. Apresentaremos a seguir o *design thinking*, o movimento *maker*, a gamificação, além do STEAM, da educação empreendedora e da denominada "Educação 4.0".

4.3.1 Design Thinking

A metodologia do *Design Thinking* – DT é uma estratégia usada em diversas áreas, em especial na administração, para solução de problemas das organizações. Por proporcionar um trabalho colaborativo, criativo, investigador e inovador, tal metodologia vem sendo usada na Educação como um processo de aprendizagem.

Ligado à aprendizagem baseada no enfrentamento de desafios, a partir de problemas reais dos/as estudantes, no *Design Thinking* o/a estudante é desafiado a ser investigador e desenvolvedor da sua trajetória de aprendizagem, por sua prática ativa na pesquisa e busca de soluções, em determinado contexto, para problemas reais (MORAN, 2016).

Ainda, "*através da forma de pensar do design thinking, podemos utilizar ferramentas criativas para resolver problemas, identificar melhores ideias e as formas de colocá-las em prática*" (SEFTON e GALINI, 2020, p. 106). Ou seja, esta metodologia se encaixa nas práticas educativas que colocam o/a aprendiz no centro da aprendizagem e busca um ensino contextualizado com a realidade vivenciada pelo próprio estudante.

O *Design Thinking* permite encontrar soluções inovadoras e criativas para os problemas e desafios reais, utilizando cinco etapas (CAVALCANTI, FILATRO, 2017):

Figura 23 - Etapas do Design Thinking

Fonte: elaborado pelos autores (2022).

1. Imersão no problema: nesta etapa de imersão ou empatia, se busca um conhecimento profundo do problema. O grupo de pessoas envolvidas deve buscar uma aproximação do contexto do desafio, se colocar no lugar do/a outro/a que vem enfrentando o problema, escutar as pessoas, ou seja, realizar uma imersão no desafio e buscar o máximo de informações da realidade onde ele ocorre. Inclusive perguntar "o que", "como" e "por que" podem trazer informações importantes para esta etapa do processo (SEFTON, GALINI, 2020).

   Uma técnica usada no momento da imersão é utilizar o mapeamento da "jornada do cliente". Ou seja, se colocando no lugar da pessoa que se depara com o problema real (pessoa da comunidade, usuário/a de uma tecnologia, serviço ou espaço, aprendiz em ambiente educacional). Também é possível pedir para uma ou mais pessoas, envolvidas com o problema, simularem como se deparam com o desafio, com o intuito de buscar sentir e compreender as angústias e necessidades desta pessoa, construindo uma relação de empatia.

2. Definição: buscar entender o escopo do problema, suas raízes (causas) e consequências. Nesta fase é ter o foco no problema que se quer resolver. Também permite o grupo realizar pesquisas e coleta de dados complementares para entender todas as múltiplas soluções do problema; bem como definir os próximos passos do desenvolvimento, observando responsáveis, ações, cronograma, recursos físicos e humanos etc. Algumas perguntas são importantes nesta etapa: *"o que você e o grupo sabem sobre o problema?"; "O que vocês devem levar em consideração que ninguém mais pensou'? Como vocês pensam em fazer a diferença na vida de quem for usar esta solução?"* (SEFTON, GALINI, 2020).

3. Ideação: permite pensar em possíveis soluções dando espaço para a técnica do *brainstorming* ou chuva de ideias. Listar várias ideias, desde as mais comuns até as que parecem, num primeiro momento não terem ligação com o problema e com a solução (SEFTON, GALINI, 2020). É o momento de não limitar as ideias, de ter criatividade e deixar as

97

ideias fluírem, pois uma ideia, por mais absurda (ou impossível) que possa parecer, trará possibilidades de uma reflexão multifacetada do problema.

Neste momento o grupo pode usar diferentes ferramentas para visualizar as ideias propostas e/ou a organização delas, podendo formar listas, construir uma narração ou história de quem vive o problema, usar fotos, vídeos, *post-its*, dentre outros recursos. Não tem um único caminho, cada grupo ou projeto desenvolve a sua forma de organizar as ideias para o problema proposto.

Importante nesta etapa é a seleção das ideias que podem ser prototipadas para testar a solução do problema. Para esta ação pode ser feita votação entre a equipe ou mesmo elencar categorias/critérios para validar e verificar qual ideia (ou ideias) possuem viabilidade de ser testada e implementada em curto tempo.

4. Prototipagem: nesta etapa é hora de prototipar alternativas/propostas, momento de propor soluções e testar. Assim as ideias ganham vida e deve possibilitar uma reflexão sobre as possíveis soluções do desafio proposto na etapa anterior. Ou seja, é feita uma escolha a partir de critérios definidos pelo grupo da melhor ideia para pensar na elaboração de um produto para a solução do problema (CAVALCANTI, FILATRO, 2017).

Na prototipagem é possível realizar uma testagem em pequena escala do produto/serviço/solução proposto. Experimentar, verificar se é possível escalar o protótipo, identificar ajustes necessários etc. Também nesta etapa pode-se realizar consultas com pessoas envolvidas com o problema para saber se o protótipo atenderá a necessidade.

5. Implementação: após testagem do protótipo, é a etapa de implementar, pois caso a solução seja viável, ela poderá ser replicada. É colocar em prática a solução/produto proposto para resolver determinado problema.

Também é possível, após implementação, acompanhar o desenvolvimento do produto ou solução ao longo do tempo para avaliação dos resultados e possíveis aperfeiçoamentos, uma vez que o processo de evolução da solução é contínuo.

O *Design Thinking* na Educação pode ser utilizado agregando a outras metodologias, tais como a aprendizagem baseada em problemas e/ou projetos, pois o DT permite uma imersão, a criação, a prototipagem e testagem de um produto ou serviço que complementa as demais metodologias na construção de soluções dos problemas propostos (BACICH e MORAN, 2018).

Em termos de aprendizagem, o/a estudante é colocado/a como protagonista, terá que analisar o problema, opinar, expor seu ponto de vista e propor alternativas e soluções, desenvolvendo competências argumentativas e de liderança, potencializando o contexto de construção do próprio conhecimento, pois está engajado e motivado para encontrar uma solução. Ainda, permite um trabalho colaborativo e participativo em equipe, na qual são apresentadas múltiplas respostas e caminhos e todos/as aprendem a tomar decisões para resolver um problema concreto do seu cotidiano.

Neste processo educativo, o papel do/a professor/a é o de orientador/a, participando e acompanhando os grupos e ajudando-os no desenvolvimento das soluções. Também é a pessoa que acompanhará para que as etapas do DT sejam executadas para a solução do problema.

O processo avaliativo é formativo, na qual o/a professor/a acompanha os/as estudantes ao longo de toda a jornada, emitindo *feedbacks* individual e em grupo sobre o desenvolvimento do projeto, bem como acompanhando o desenvolvimento das competências e dos objetivos de aprendizagem.

Ainda no processo avaliativo, destaca-se que nesta metodologia os/as estudantes e o/a professor/a podem voltar para as fases iniciais e rever o percurso, aperfeiçoando as ideias e construindo novos conhecimentos, pois esta aprendizagem não é linear. Pelo contrário, é cíclica, possibilitando, inclusive, reparar erros do projeto e tomar outras decisões a partir dos testes e prototipagens realizadas, seguindo novos caminhos de forma criativa e livre.

Destaque

A metodologia de *Design Thinking*, como uma ferramenta de resolução de problemas, pode ser utilizada nas diferentes instâncias da gestão de uma instituição educacional. Gestores/as educacionais, como diretores/as, supervisores/as e coordenadores/as, podem usar o DT em reuniões pedagógicas e de formação continuada de professores/as, bem como, em discussões com a equipe administrativa ou mesmo usado em reuniões com a comunidade para resolução de problemas que afetam a escola e seu entorno. O importante desta ferramenta é o engajamento de todos para a resolução de um problema real.

> **Dica**
>
> Na educação superior, a metodologia DT pode ser incorporada em projetos denominados integradores (integram os conhecimentos de diversas disciplinas e competências de um curso), ou mesmo, em estágios práticos ou Trabalhos de Conclusão de Curso – TCC que envolvam a realização de projetos e entrega de um produto ou solução. Ainda, podem ser organizados em projetos extensionistas (extensão universitária) que tenham impacto na comunidade.

4.3.2 Movimento Maker – Mão na massa

O Movimento *Maker* propõe uma aprendizagem "mão na massa". A própria palavra *maker* traduzida do inglês significa fazer, ou seja, "faça você mesmo". E traz a lógica do trabalho colaborativo, criativo e que torne uma ideia em algo concreto.

O Movimento *Maker* na Educação está cada vez mais presente, pois vem trazendo benefícios para os/as estudantes e instituições de ensino, uma vez que propõe uma aprendizagem "mão na massa" que seja significativa e prática, com recursos materiais baratos (sucata, por exemplo) e/ou kits e ferramentas disponíveis em espaços/laboratórios denominados de *"labs"* ou *"makers"*.

Um dos pontos fundamentais deste movimento é a criação nas instituições de ensino de espaços *makers* ou *"labs"*. Muitas vezes, antigos laboratórios de informática, química, física ou biologia (ciências naturais) se transformam em espaços colaborativos e de realização de atividades educativas "mão na massa", possibilitando que estudantes e professores/as possam interagir e ampliar conhecimentos.

Em geral, estes espaços devem ser convidativos, interessantes e que permitam que os/as estudantes possam criar de forma colaborativa, sem a rigidez das carteiras enfileiradas da sala de aula tradicional, ou sem a limitação de movimento e a limitação de um tipo único de interação com o próprio ambiente.

O investimento para este tipo de espaço pode variar muito, mas é totalmente possível a sua implementação. Ele pode comportar *notebooks*, *tablets*, uma máquina fotográfica e câmera, soluções de robótica, sucatas e materiais recicláveis. Em alguns casos de instituições que querem um laboratório mais sofisticado em seu uso, pode existir uma impressora 3D, cortadores a *laser*, ferramentas como serrotes, martelos, pedaços de madeira, isopor e plástico.

Importante é que os/as estudantes possam explorar os recursos que existem nestes espaços ou mesmo buscar outros recursos em suas casas e comunidade. Ao invés de uma sala cheia de equipamentos e computadores, é interessante ter "ilhas" que oportunizem diferentes explorações. Por exemplo, enquanto um grupo está no *notebook*, outro está realizando uma filmagem com o celular, e outros estão construindo um protótipo com sucata.

Nestes espaços, os/as estudantes são convidados/as a expressarem toda a sua criatividade, participando de experiências científicas, atividades, desafios e projetos educativos interdisciplinares. Neste sentido, esta experiência proporciona que os/as estudantes desenvolvam várias habilidades e conhecimentos que os/as auxiliem a atuar na sociedade de forma criativa e a enfrentar os desafios propostos pelo ambiente profissional e comunitário.

Ligado à aprendizagem baseada no enfrentamento de desafios, realizar atividades "mão na massa", alinhado também com a etapa de prototipagem do *Design Thinking* e da aprendizagem baseada em problemas e/ou projetos, permite que a resolução dos problemas nestes espaços possa ter um impacto social, com soluções criativas para problemas reais que os/as estudantes e/ou sua comunidade vivenciam.

Saiba mais

. Assista ao vídeo do apresentador Marcelo Tas, em parceria com o SEBRAE, sobre a Cultura *Maker*. Ele destaca que a cultura *maker* tem sua inspiração no movimento *punk* e será a nova revolução industrial. De forma didática, explica como é o movimento *maker* das pessoas que são "fazedores de coisas" e quais as consequências para o processo educativo e das relações entre pessoas.

Veja em: https://www.youtube.com/watch?v=A9uI0UrViqg

. Leia a matéria da Revista Educação sobre a expansão da Cultura *Maker* nas escolas brasileiras. O texto discute que este movimento já é uma realidade nos últimos anos para várias escolas privadas e públicas brasileiras, da educação infantil até o superior. Apresenta os principais *players* do movimento *maker*, organização de oficinas e laboratórios nas escolas e exemplifica como este movimento vem acontecendo dentro do ambiente escolar.

Acesse em: https://revistaeducacao.com.br/2019/02/18/cultura-maker-escolas/

4.3.3 Gamificação

Os jogos digitais estão presentes no cotidiano das pessoas, nas mais diferentes idades e classes sociais. Neste sentido, algumas áreas e setores da sociedade vêm incluindo os *games* ou a chamada gamificação nas suas ações. Na Educação, o uso da gamificação vem crescendo para o engajamento e interesse dos/as estudantes nas atividades escolares e potencializando as diferentes experiências nos processos de aprendizagem.

O termo gamificação vem do inglês *gamification* e significa aplicação de elementos dos jogos em atividades cotidianas. Ou seja, o uso de avatares, desafios, rankings, prêmios ou recompensas dentro de ambientes que não são de jogos.

A questão da recompensa, já era usada na educação tradicional e valorizada na abordagem pedagógica comportamentalista. Por exemplo, a ação do/a professor/a em usar "estrelinhas", carimbos, adesivos de reconhecimento pela atividade realizadas nos cadernos dos/as estudantes, valorizando quem cumpre suas tarefas, pode ser uma forma de recompensa.

No entanto, com a proposta de gamificação, as ações são levadas para outro nível, na qual o/a estudante é desafiado a se superar e a colaborar com a sua equipe para que todos ganhem. Hoje esta prática traz algumas características dos jogos que é a competição, a recompensa ou premiação, a evolução ou passagem de nível e os *feedbacks* (BACICH e MORAN, 2018).

Para aplicar a gamificação na Educação, poderíamos pensar em alguns elementos, como os que seguem:

Figura 24 - Elementos para aplicar a gamificação na Educação

- Storytelling
- Avatar
- Desafios e conquistas
- Recompensas
- Evolução ou Progressão
- Feedback
- Competição

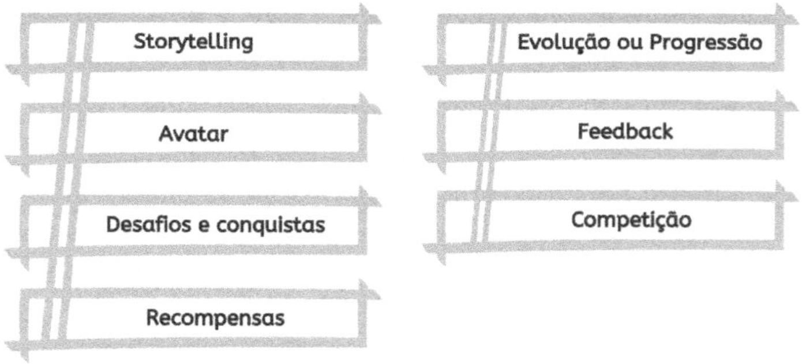

Fonte: elaborado pelos autores (2022).

1. Storytelling: é uma técnica usada na criação de jogos eletrônicos e que vem recebendo adeptos em diversas áreas do conhecimento, em especial, na Educação. Significa construir uma narrativa de uma história ou contação de uma história para que engaje e desperte o interesse dos/as estudantes (jogadores/as). Esse elemento potencializa, portanto, o engajamento, o interesse, a imaginação, a interação, bem como a sensação de pertencimento e participação. É a narrativa da

história que vai ambientar os/as estudantes no jogo e estimulá-los/as a enfrentarem os desafios. Esta história precisa prender a atenção dos/as jogadores/as e precisa ser uma marca fundamental para o jogo.

2. Avatar: este elemento seria uma representação visual do/a jogador/a no ambiente do jogo. O/a estudante pode criar um personagem, se fantasiar e/ou incorporar seus traços. Assim, potencializa a interação e a participação no jogo. Ao usar recursos digitais no processo de gamificação é possível construir avatares virtuais, inclusive com mais itens de personalização da representação individual.

3. Desafios e conquistas: um ponto importante na gamificação é a construção de missões a serem vencidas ou alcançadas pelos/as jogadores/as, fazendo com que se empenhem para alcançar determinado resultado ou conquista. É uma ferramenta que faz com que o/a estudante se engaje no jogo.

    O grau de dificuldade do jogo vai depender do nível da turma e do objetivo de aprendizagem elaborado pelo/a educador/a. Um jogo muito difícil, que poucos/as ou quase nenhum/a alcancem bons resultados, pode desestimular os/as participantes. Por outro lado, um grau muito fácil também é motivo de desmotivação. O nível de dificuldade pode estar atrelado ao avanço e as fases no jogo.

4. Recompensas: a criação de um sistema de pontos com recompensas estimula e engaja os/as jogadores, pois o/a estudante percebe os benefícios de avançar no jogo e na atividade. Em geral, podem se usar insígnias, distintivos ou medalhas para níveis alcançados, que podem servir de troca para ter algum benefício no jogo.

5. Progressão ou evolução: um jogo precisa prever uma progressão ou evolução para que os/as estudantes sintam que não estão estagnados e avançam para novos níveis e desafios. A cada nova rodada ou nível os/as estudantes precisam estar motivados para desejarem continuar o desafio.

6. Feedback: é possível oferecer um *feedback* instantâneo na gamificação, pois na medida em que o/a estudante alcança (ou não) os objetivos, acerta ou erra, já se sabe em quais desafios teve mais dificuldade e em quais teve facilidade de cumprir. Inclusive é possível criar desafios extras personalizados, em ambas as situações, com foco no desenvolvimento de competências e nos objetivos de aprendizagem atrelados ao jogo (BACICH e MORAN, 2018).

7. Competição: é outro fator importante na gamificação, que gera o interesse, envolvimento e curiosidade dos/as jogadores/as. Interessante considerar uma disputa saudável e construtiva, que busque vencer desafios sem detrimento dos/as demais jogadores/as. Outro quesito

significativo é equilibrar a competição, incluindo ações de colaboração na equipe de jogadores/as e/ou também entre equipes. Por exemplo, ajudar um/a colega no desafio possibilita ganhar uma medalha que renderá benefícios no jogo. Ou que um dos desafios contemple a ajuda mútua entre equipes.

Por fim, vale destacar que a gamificação ainda pode proporcionar a prática e o desenvolvimento da inteligência emocional. A sensação de vitória e de frustração, a iniciativa, as tomadas de decisão, a coragem, o medo de não arriscar, a comunicação, a atuação colaborativa, o erro como algo produtivo, as comemorações das pequenas vitórias, a oportunidade de jogar mais de uma vez e aprimorar suas habilidades no jogo, e aprimorar as estratégias para a próxima ocasião, são exemplos de aspectos a serem trabalhados. Da mesma forma, desenvolver a escuta ativa, o acolhimento e o incentivo, a comunicação não violenta, por parte do/a educador/a, também são oportunidades que a experiência gamificada pode proporcionar.

> **Dica**
>
> O Kahoot é um exemplo de recurso digital apoiado nos conceitos da gamificação, O/A professor/a pode elaborar questões do tipo múltipla escolha, verdadeiro ou falso, dentre outras, podendo o acerto das questões valerem pontos para os/as estudantes e/ou equipes de jogadores/as. É possível criar uma estratégia de diferentes fases/etapas com graus de desafios distintos; apresentar um ranking em tempo real das pessoas que vão avançando nas questões, bem como criar paralelamente uma "recompensa" simbólica.
>
> Veja em: https://kahoot.com/schools-u/

> **Saiba mais**
>
> Você conhece RPG? No link abaixo, o professor Carlos Machado fala sobre os *Role-playing games* (RPGs) e aborda maneiras de utilizar o jogo na escola, fornecendo dicas essenciais para professores de história, geografia, entre outras disciplinas, que desejem diversificar as abordagens em sala de aula.
>
> Acesse em: https://youtu.be/GWGdu3cJIE0

4.3.4 STEAM – Artes, Ciências, Tecnologia, Engenharia e Matemática

A metodologia STEAM surgiu nos Estados Unidos na década de 90 e busca realizar a integração de conhecimentos de Artes, Ciências, Tecnologia, Engenharia e Matemática. A própria sigla STEAM em inglês é *Science, Technology, Engineering, Arts, Mathematics e* está alinhado com uma visão interdisciplinar de educação, na qual os diferentes conhecimentos se integram para a resolução de um problema cotidiano, trazendo os/as estudantes para o centro do processo de aprendizagem.

A metodologia STEAM pode ser organizada em cinco etapas ou fases, são elas:

Figura 25 - Etapas da metodologia STEAM

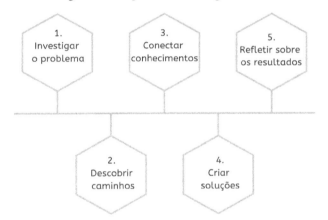

Fonte: elaborado pelos autores (2022).

Como nas metodologias ativas, o/a professor/a tem o papel de mediador/a e deve apoiar os/as estudantes no processo de aprender pela experiência e aprender fazendo, estimulando a colaboração uns/as com os/as outros/as para a resolução de um desafio e/ou mostrar novas maneiras de solucionar um mesmo problema. As relações entre professor/a e estudante são horizontais, na qual todos podem aprender e ensinar (MORAN, 2016).

A metodologia STEAM é simples de ser implementada e não requer muitos investimentos. Pode-se usar os laboratórios de física, química, artes, informática, espaços *maker* e outros como espaço de testagem das hipóteses levantadas pelos/as estudantes para a resolução de problemas.

O/A professor/a deve analisar o currículo escolar da turma e escolher desafios que possam conversar com conceitos de diferentes áreas do conhecimento (Artes, Ciências, Tecnologia, Engenharia e Matemática). Com a BNCC (BRASIL, 2017) e a organização do currículo por competência, as escolhas de desafios e resolução de problemas da metodologia STEAM permitem o desenvolvimento de competências, habilidades e atitudes requeridas.

É possível investir no planejamento de um desafio prático, propondo roteiros de aprendizagem e a integração com conhecimentos das cinco áreas do STEAM. O projeto deve contemplar a pesquisa, levantamento de hipóteses, desenvolvimento de uma solução e sua testagem. Uma possibilidade é a organização de aulas em oficinas ou laboratórios práticos, nos quais são apresentados desafios relacionados aos objetivos de aprendizagem e de forma interdisciplinar, para que os/as estudantes possam, em grupo, ser desafiados a resolverem o problema de maneira prática.

Um dos pontos importantes da abordagem STEAM é o incentivo ao debate e ao levantamento de hipóteses pelos/as estudantes sobre como resolver o problema/desafio. O/A professor/a, enquanto mediador/a, deve fazer perguntas que estimulem a reflexão crítica, a autonomia, o protagonismo, a colaboração e a busca de caminhos para a solução, evitando direcionar as respostas e considerando várias soluções possíveis.

A metodologia STEAM aceita o erro como forma de construção de conhecimento. Portanto, cabe ao/à professor/a estimular discussões sobre o processo de desenvolvimento da solução para o problema, permitindo que o/a estudante reflita sobre os caminhos percorridos, os erros e acertos, as aprendizagens e o que faria diferente em outra oportunidade. Neste sentido, o processo de aprendizagem é contínuo, pois a cada novo desafio o/a estudante desenvolve e aperfeiçoa suas habilidades e atitudes para um melhor desenvolvimento do projeto.

Na medida em que a metodologia STEAM vem ganhando cada vez mais adeptos no mundo e no Brasil, também vem recebendo críticas, pois alguns/as autores/as apontam que ela privilegia o conhecimento de Ciências, Tecnologia, Engenharia, Artes e Matemática, em detrimento de outras áreas de conhecimento, tais como a ciências humanas e línguas. Outra crítica recebida é de que este modelo de ensino estaria atrelado mais às demandas do mercado de trabalho para a preparação do/a futuro/a profissional, do que propriamente a discussão dos desafios da sociedade e suas contradições sociais e culturais, com foco em desenvolver um/a cidadão/ã ativo/a e transformador/a na comunidade e no mundo.

> **Saiba mais**
>
> Assista a entrevista com o educador Sérgio Gotti, gerente executivo de educação do SESI, sobre a metodologia STEAM, que alia o pensamento artístico às áreas como matemática, engenharia e tecnologia. O entrevistado relata como está sendo a implementação da metodologia STEAM nas unidades da Escola SESI.
>
> Acesse em: https://youtu.be/JgSIPBFLqPU

4.3.5 Educação Empreendedora

Desenvolver uma educação empreendedora é favorecer o protagonismo, a autonomia e o desenvolvimento das características e comportamentos empreendedores voltados para a inovação e solução de problemas da sua realidade. Desta forma, é possível perceber de imediato as correlações com as metodologias ativas.

O/A empreendedor/a é uma pessoa que transforma seu sonho em realidade, ou seja, é aquele/a que faz acontecer, que muda sua realidade em busca de melhores resultados. Mesmo em situações adversas, enxerga oportunidades, é resiliente quando necessário e assume riscos para alcançar seus objetivos" (SEFTON; GALINI, 2020, p. 21).

Apresentar para o/a estudante que ele/a é protagonista no processo educacional, que deve correr atrás da informação, planejar suas ações, ser criativo, atuar de forma colaborativa, assumir os riscos calculados, desenvolver a adaptabilidade, é dar autonomia para uma aprendizagem ativa.

Modelos tradicionais de educação, nos quais o/a professor/a é o/a centralizador/a do conhecimento, o/a estudante é passivo/a, obediente e restrito/a ao espaço escolar, não favorecem o desenvolvimento do espírito empreendedor. Ao contrário, o/a estudante precisa ser incentivado/a a planejar suas ações, trabalhar em equipe, materializar suas ideias, avaliar seus passos e aprender com os acertos e erros. Nesse sentido, o papel do/a professor/a é o de condutor neste processo.

A educação empreendedora dá autonomia para o/a estudante e busca desenvolver as características do comportamento empreendedor, as quais poderá usar para toda a vida. São elas:

Figura 26 - 10 comportamentos empreendedores – SEBRAE

10 Comportamentos Empreendedores - SEBRAE

INICIATIVA E BUSCA DE OPORTUNIDADES
Sou proativo/a, me antecipo aos fatos e crio oportunidades de desenvolvimento pessoal e profissional.

PERSEVERANÇA
Procuro enfrentar obstáculos para alcançar os meus objetivos pessoais, profissionais ou coletivos, mesmo que tenha que mudar meus planos e estratégias para alcançá-los.

COMPROMETIMENTO
Procuro trazer a responsabilidade das minhas ações, sem colocar a culpa dos fracassos em outras pessoas ou fatores externos. Procuro me comprometer com as pessoas que trabalham comigo, atuando em conjunto para atingir os resultados.

BUSCA DE QUALIDADE E EFICIÊNCIA
Busco sempre fazer o melhor para mim, colegas e, principalmente, para os clientes. Tenho preocupação para melhorar sempre o que faço, exigindo uma entrega com qualidade.

CORAGEM PARA ASSUMIR RISCOS CALCULADOS
Busco assumir desafios e responder por eles. Avalio as alternativas para tomar as melhores decisões.

FIXAÇÃO DE METAS OBJETIVAS
Estabeleço objetivos desafiantes para as ações pessoais e profissionais. Sei o que quero e tenho visão de longo prazo.

BUSCA DE INFORMAÇÕES
Me atualizo com informações importantes. Busco também informações de avaliação do meu desempenho pessoal e profissional. Investigo melhores formas de fazer o trabalho. Busco a orientação de especialistas para decisões.

PLANEJAMENTO E MONITORAÇÃO SISTEMÁTICOS
Planejo e organizo tarefas de forma objetiva e com prazos definidos, a fim de que possa ter os resultados medidos e avaliados. Enfrento os desafios, agindo por etapas. Adequo rapidamente meus planos às mudanças.

CAPACIDADE DE PERSUASÃO E DE ESTABELECER REDES DE CONTATOS PESSOAIS
Influencio pessoas positivamente. Me relaciono com pessoas chave que possam ajudar a atingir os meus objetivos, sempre de forma ética. Estabeleço redes de contatos e construo bons relacionamentos pessoais e profissionais.

INDEPENDÊNCIA, AUTONOMIA E AUTO-CONTROLE
Confio em minhas próprias opiniões. Sou otimista e determinado, mesmo diante da oposição; Transmito confiança para os outros em qualquer situação.

Fonte: SEBRAE, 2022, Disponível em: https://www.sebrae.com.br/sites/PortalSebrae/ufs/am/artigos/as-10-maiores-caracteristicas-do-empreendedor,e7d4d2391f45f710VgnVCM100000d701210aRCRD

Os/as estudantes podem desenvolver suas potencialidades empreendedoras quando a escola trabalha com projetos de educação empreendedora.

Tais projetos podem ser desenvolvidos em qualquer etapa escolar ou modalidade de ensino. Na Educação Infantil e Ensino Fundamental, é possível elaborar projetos que promovam o desenvolvimento das competências por meio de vivências, jogos, bem como criações com foco em buscar soluções para problemas reais.

No Ensino Médio e Ensino Superior, além do desenvolvimento das competências empreendedoras, também é possível aprofundar práticas que envolvam a criação de um negócio, com enfoque educativo ou próprio para implementação no mercado. Este tipo de ação potencializa a vontade de empreender frente à vida, contribui para a elaboração do projeto de vida, bem como pode ser uma frente dos itinerários formativos (Ensino Médio). Na mesma perspectiva, pode incentivar o caminho do empreendedorismo como uma opção profissional de qualquer curso de graduação, tanto para quem quer abrir um novo negócio, como para quem é colaborador/a e atua como intraempreendedor/a, (empreendedor/a corporativo/a ou interno/a), quando pensamos no Ensino Superior ou ao final do Ensino Médio.

Ressaltamos que o empreendedorismo pode ter um caráter social, quando realizado na perspectiva de solução de um problema coletivo, favorecendo o desenvolvimento de ONGs, associações, fundações e até empresas comprometidas com o seu impacto na sociedade, atrelado à ética e à responsabilidade social.

As propostas de Educação Empreendedora podem ser vinculadas à BNCC e ao desenvolvimento de competências. Como exemplos, destacamos a "Competência 2: Pensamento Científico, crítico e criativo", a "Competência 6: Trabalho e Projeto de Vida", e a "Competência 10: Responsabilidade e Cidadania", ainda que outras competências possam ser correlacionadas.

Uma opção de projeto de educação empreendedora a ser aplicado em sala de aula é desenvolver produtos ou soluções para serem oferecidos na própria escola ou na comunidade. Grupos de estudantes podem trabalhar os passos de um plano de negócios (planejamento) mínimo para sugerir a solução de um problema real e do entorno dos/as estudantes ou para propor um produto a ser "lançado no mercado". Lembre-se que a cada etapa do plano de negócios podem ser desenvolvidas características do comportamento empreendedor do/a estudante:

1 – Análise de mercado para o produto ou solução
2 – Plano de Marketing
3 – Plano Operacional
4 – Plano Financeiro
5 – Construção de cenários do negócio
6 – Avaliação estratégica e do próprio Plano de Negócios

> **Saiba mais**
>
> . Saiba como montar um plano de negócios neste vídeo do SEBRAE
>
> https://youtu.be/V3u2Tu6t1UU
>
> . E também neste Manual:
>
> https://bibliotecas.sebrae.com.br/chronus/ARQUIVOS_CHRONUS/bds/bds.nsf/5f-6dba19baaf17a98b4763d4327bfb6c/$File/2021.pdf

Algumas instituições como SEBRAE e a ENDEAVOR trabalham com projetos de educação empreendedora com instituições de ensino. Um exemplo deste apoio é o Centro de Referência em Educação Empreendedora[26] que tem como objetivo *"promover o contato e a troca de melhores práticas entre os agentes de ensino de empreendedorismo"* e ainda *"viabiliza para educadores de empreendedorismo e inovação, a disponibilização de conteúdos de alta qualidade que possam enriquecer o ensino empreendedor brasileiro".*

Consideramos que a educação empreendedora, além de contribuir para o desenvolvimento de competências, e ampliar a percepção de possibilidades de atuação, é também uma formação para a vida. Pessoas empreendedoras são, em geral, mais abertas à adaptabilidade, flexibilidade, criatividade, inovação, bem como a atuações colaborativas e a buscarem seus sonhos e metas de vida.

> **Destaque**
>
> Como exemplo de desenvolvimento de comportamento empreendedor temos o caso a seguir:
>
> Duas estudantes pré-adolescentes estudavam no 9º ano de uma escola municipal do interior de SP, que desenvolvia projetos de educação empreendedora e culminava em uma grande feira empreendedora municipal com a apresentação dos projetos e produtos.
>
> No ano seguinte, elas se matricularam no ensino médio numa escola estadual que não tinha o programa de educação empreendedora. Mesmo assim, elas já tinham potencializados os comportamentos empreendedores, principalmente o comprometimento, o correr riscos calculados e a autoconfiança.

---

[26] https://cer.sebrae.com.br/

Percebendo que a nova escola não tinha os equipamentos adequados para o laboratório de química, elas foram até a direção e solicitaram uma reunião com a Associação de Pais e Mestres da instituição. Na reunião pediram um recurso financeiro emprestado para que pudessem investir em brindes, realizar rifas e bingos para arrecadar dinheiro para os equipamentos do laboratório. Comprometeram-se, inclusive, em pagar com juros o dinheiro emprestado.

A Associação estranhou a iniciativa, mas ofereceu o recurso do caixa, com o compromisso de assinarem um contrato para devolução do recurso.

As duas garotas mobilizaram toda a escola e as famílias dos/as estudantes, conseguiram arrecadar o recurso necessário para a compra dos equipamentos e, ainda, sobrou dinheiro para pagar os juros prometidos.

Depois desta iniciativa, a escola passou a desenvolver também projetos de educação empreendedora, com o objetivo de potencializar o comportamento empreendedor e as oportunidades de experiência de aprendizagem dos/as estudantes.

4.3.6 Educação 4.0

A educação 4.0 está no panorama do que hoje se chama de indústria 4.0 ou quarta revolução industrial, na qual se busca uma maior eficiência e produtividade dos processos industriais com o uso de tecnologias de automação, inteligência artificial, mineração de dados, internet das coisas (IoT) e computação na nuvem. Se na 1ª revolução industrial a base era o carvão e o ferro, nesta nova revolução o foco é a tecnologia (BACICH e MORAN, 2018).

Neste contexto, a educação também pode se beneficiar da inovação tecnológica e dos mesmos processos da indústria 4.0 de IoT, mineração de dados, inteligência artificial para aperfeiçoar seus processos de gestão escolar, otimizando os processos burocráticos e administrativos e de acompanhamento da vida escolar dos/as estudantes pela análise dos dados. Também permite a inclusão e/ou ampliação da tecnologia na sala de aula, melhorando os processos de ensino e aprendizagem que ocorrem no âmbito escolar, apoiando professores/as e estudantes nas trajetórias de ensino-aprendizagem.

Ainda, o contexto da sala de aula é enriquecido com as metodologias ativas, por buscarem uma aprendizagem por meio de experimentações, problemas, projetos, e "mão na massa". De forma interdisciplinar, colaborativa e contextualizada com a realidade, do uso do ensino híbrido, da personalização da aprendizagem, da gamificação, da robótica, ensino de programação e demais metodologias, a experiência educativa pode ser potencializada com as inovações tecnológicas apontadas na indústria 4.0.

Assim, a denominada Educação 4.0 é uma quebra dos paradigmas educacionais dos modelos tradicionais, que visam a transmissão de conhecimentos descontextualizados, que privilegiam somente o cognitivo, que tem o/a professor/a como detentor/a único/a do conhecimento, que o/a estudante tem uma postura passiva e a escola é espaço único de ensino.

Se espera que a Educação 4.0 promova ainda mais o/a estudante como protagonista da própria aprendizagem, construindo trilhas de formação flexíveis e customizadas. Além disso, se espera que potencialize os processos criativos, críticos e colaborativos, possibilitando aos/às estudantes uma formação para um mundo em constante transformação.

O relatório *Horizon Report Higher Education Edition* de 2019 aponta algumas tendências na Educação que agregam a tecnologia educacional, base para a chamada Educação 4.0.

Figura 27 - Tendências para acelerar a adoção de tecnologia na educação

Fonte: Horizon Report (2020).

Ainda, o mesmo relatório aponta as principais tendências do uso de tecnologia na educação nos próximos 4 anos:

Figura 28 - Tendências do uso de tecnologia na educação nos próximos 4 anos

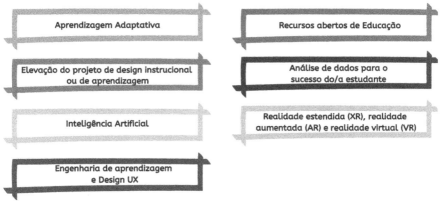

Fonte: Horizon Report, 2020.

Saiba mais

. Conheça mais sobre o uso da inteligência artificial – IA na educação. O artigo e vídeo da UOL Edtech buscam uma reflexão sobre a IA nos processos educativos. Muitas instituições hoje usam este recurso para realizar um primeiro atendimento dos/as estudantes com os chamados "robôs". Estes respondem perguntas e dúvidas dos/as estudantes e, na medida em que vão se relacionando com eles/as, também aprendem como melhorar a performance das suas respostas. Outro uso possível é na correção de determinadas atividades, na qual a IA faz a leitura das respostas e aponta os acertos e erros, previamente delimitados. Acesso em: https://www.uoledtech.com.br/blog/inteligencia-artificial-e-educacao-digital/

. Assista ao debate sobre Realidade Aumentada na Educação do programa Conexão Futura – Canal Futura. A tecnologia a cada dia é mais presente em nossas vidas. Na educação não é diferente. O uso da realidade aumentada – técnica que permite a sobre-exposição de objetos virtuais em ambiente real – no ensino já teve diversas experiências positivas. Essa e outras novas iniciativas abrem possibilidades para estudantes se aprofundarem ainda mais. Entrevistados: Romero Tori, professor da USP e do Centro Universitário do SENAC; Bruno Duarte, gestor de Tecnologias Educacionais do SENAI; e Tatiana Klix, repórter do PORVIR. Acesse em: https://youtu.be/g1iQnZ6dTAw

Assim, a tecnologia já vem transformando a educação na mesma medida que vem mudando as formas de se relacionar e aprender na sociedade. A escola deve ter um currículo integrado à tecnologia e formar pessoas criativas, colaborativas, conscientes do seu papel social e dispostas a resolver problemas e enfrentar os desafios da sociedade contemporânea (CANDAU, 2014).

Importante considerar que não existe somente um modelo de educação, mas uma gama de oportunidades que mesclam as metodologias ativas com tecnologia. Ou seja, o processo de Educação 4.0 está em constante transformação na mesma medida que a sociedade vem se transformando.

Muitas vezes há uma pressão por mudanças que vem de fora da escola, das famílias, do mercado de trabalho, das relações existentes com a sociedade civil organizada. Outras vezes, vêm de dentro da escola, dos/as próprios/as jovens ou das lideranças institucionais, que almejam ressignificar seu Projeto Político Pedagógico e suas práticas educativas, a fim de alinhar com esta nova configuração da educação. Importante nesse sentido, analisar e refletir criticamente sobre os usos destas tecnologias, quais objetivos educacionais, atrelados a uma perspectiva de aprendizagem significativa e, também, com premissas éticas, que prezem para uma prática voltada à cidadania e a uma prática coletiva de sociedade.

De fato, a tecnologia é importante nesta nova educação, mas é fundamental a mudança das práticas pedagógicas que possibilitem colocar o/a estudante no centro da aprendizagem e que o/a permitam experimentar, criar e vivenciar experiências de aprendizagem significativas.

Para isso, é necessário preparar estudantes e escola para estas mudanças, melhorando a sua fluência digital, denominada de letramento digital. Ao mesmo tempo em que a tecnologia necessita de uma inclusão via letramento digital, por outro lado, ela também permite a inclusão de uma parcela significativa de pessoas que não se encaixavam no modelo tradicional de ensino (por não considerar diferentes inteligências e estilos de aprendizagem). Também a tecnologia possibilita que pessoas com determinadas deficiências tenham condições de estudar por meio de softwares e recursos digitais de acessibilidade.

Nesse sentido, a Educação 4.0 também precisa de professores/as 2.0, ou seja, que estejam antenados/as nas novas tecnologias, dispostos/as a aprender sempre. Além disso, se faz necessária uma constante reflexão sobre a sua prática e o experimento de novas metodologias em sala de aula, de construir uma relação horizontal com estudantes, para também aprender com eles/as.

IV.IV Resumo

Neste capítulo, abordamos métodos e ferramentas sob a perspectiva das metodologias ativas, em forma de um repositório de práticas, como aprendizagem baseada em problemas, aprendizagem baseada em projetos, estudo de caso, aprendizagem em pares/times e sala de aula invertida. Entrelaçamos a perspectiva do ensino híbrido e suas possibilidades, com foco em experiências ativas de aprendizagem.

Na sequência, incorporamos ao diálogo práticas extras que vem sendo atreladas à Educação como novas tendências educativas para uma experiência engajada, crítica, colaborativa e criativa: *design thinking*, espaço *maker*, gamificação e STEAM. As contribuições da Educação Empreendedora também foram destacadas como significativas para a experiência de aprendizagem, inclusive com foco em uma aprendizagem para a vida toda (*lifelong learning*). E, para encerrar, vimos a Educação 4.0 e sua convergência no campo das metodologias ativas, somada às inovações e recursos tecnológicos de inteligência artificial, internet das coisas, dentre outras.

Destacamos no capítulo que o simples uso de métodos e ferramentas não garante uma atuação sob a luz das metodologias ativas. É preciso uma constante atuação reflexiva e crítica, tanto dos paradigmas educacionais como da própria prática docente, um planejamento consistente, baseado nos objetivos estratégicos e no perfil dos/as estudantes, bem como uma adaptabilidade para eventuais mudanças de rota. Tais perspectivas contribuem para uma aprendizagem significativa, contextualizada, personalizada, bem como propicia o engajamento, a criação e o protagonismo.

Capítulo V - Mapa de Planejamento das Metodologias Ativas para cada nível/segmento de ensino

Neste último capítulo do livro, brindamos você, leitor/a, que percorreu toda esta trajetória dialógica, as reflexões, os registros e as transformações do seu pensar e fazer pedagógico, com uma ferramenta útil de planejamento.

Apresentamos o **Mapa de Planejamento das Metodologias Ativas** para cada nível/segmento de ensino: esta ferramenta é visual e super prática para incrementar sua visão sistêmica e lembrar-se de várias peças importantes neste quebra-cabeça que é planejar uma prática educativa embasada em metodologias ativas e diretrizes atuais da educação.

Ao todo são quatro mapas de planejamento: educação infantil, ensino fundamental (I e II), ensino médio e ensino superior. Cada mapa possibilita planejar ações educativas significativas, contextualizadas e ativas, bem como contribuir para sua rotina docente. Ele permite organizar aulas ou um conjunto de aulas, preparar atividades de aprendizagem, indicar recursos e instrumentos de avaliação. Mais do que um plano de aula convencional, o mapa de planejamento é uma ferramenta útil para um olhar para as práticas educativas numa perspectiva de inovação e de potencialização do processo de aprendizagem.

A ideia é que estes Mapas de Planejamento de Metodologias Ativas possam ser utilizados, compartilhados, copiados e que, de fato, sejam uma ferramenta útil para você exercitar a visão integral, com foco nas premissas das Metodologias Ativas, assim como convergentes às diretrizes de documentos oficiais de cada nível de ensino. Você poderá se guiar pelas explicações contidas neste livro, e usar livremente o Mapa de Planejamento de Metodologias Ativas na sua prática docente. Vamos lá?

V.I. Mapa de planejamento de Metodologias Ativas – Educação Infantil

A educação infantil, como primeira etapa da educação básica, tem fundamental papel no processo educacional pelo desenvolvimento social, afetivo, cognitivo e motor das crianças de zero a cinco anos de idade. No processo do planejamento educativo, deve-se levar em consideração os direitos de aprendizagem e os campos de experiência previstos na BNCC, e organizar ações que envolvam a colaboração, o protagonismo, o autoconhecimento e a interação entre as crianças e entre as crianças e adultos.

Figura 29 - Mapa de planejamento metodologias ativas – Educação Infantil

Fonte: elaborado pelos autores (2022).

Para melhor compreender como preencher o Mapa de Planejamento de Metodologias Ativas, acompanhe junto à imagem as orientações a seguir. Sugerimos que você imprima a versão livre e gratuita, podendo ser em tamanho A4 ou A3 e tenha esse mapa com você constantemente para o planejamento de projetos, aulas, semestre e/ou cursos. Você encontrará nos Anexos deste livro a versão apta para cópias e/ou impressão.

Como preencher os campos do Mapa:

Criado para quem: preencher com ano/série, turma ou grupo de estudantes

Criado por quem: preencher com nome do/a professor/a ou do grupo de professores/as

Período (data): preencher com data da criação do mapa

1. Grupo por faixa etária: preencher com 0 até 6 meses (bebês), de 6 meses até 3 anos (crianças bem pequenas), e de 4 até 5 anos na pré-escola (crianças pequenas)

2. Direitos de aprendizagem e desenvolvimento na Educação Infantil (BRASIL, 2017): organize suas anotações de acordo com os direitos abaixo.

- **Conviver** com outras crianças e adultos, em pequenos e grandes grupos, utilizando diferentes linguagens, ampliando o conhecimento de si e do outro, o respeito em relação à cultura e às diferenças entre as pessoas.

- **Brincar** cotidianamente de diversas formas, em diferentes espaços e tempos, com diferentes parceiros (crianças e adultos), ampliando e diversificando seu acesso a produções culturais, seus conhecimentos, sua imaginação, sua criatividade, suas experiências emocionais, corporais, sensoriais, expressivas, cognitivas, sociais e relacionais.

- **Participar** ativamente, com adultos e outras crianças, tanto do planejamento da gestão da escola e das atividades propostas pelo educador quanto da realização das atividades da vida cotidiana, tais como a escolha das brincadeiras, dos materiais e dos ambientes, desenvolvendo diferentes linguagens e elaborando conhecimentos, decidindo e se posicionando.

- **Explorar** movimentos, gestos, sons, formas, texturas, cores, palavras, emoções, transformações, relacionamentos, histórias, objetos, elementos da natureza, na escola e fora dela, ampliando seus saberes sobre a cultura, em suas diversas modalidades: as artes, a escrita, a ciência e a tecnologia.

- **Expressar**, como sujeito dialógico, criativo e sensível, suas necessidades, emoções, sentimentos, dúvidas, hipóteses, descobertas, opiniões, questionamentos, por meio de diferentes linguagens.

- **Conhecer-se** e construir sua identidade pessoal, social e cultural, constituindo uma imagem positiva de si e de seus grupos de pertencimento, nas diversas experiências de cuidados, interações, brincadeiras e linguagens vivenciadas na instituição escolar e em seu contexto familiar e comunitário.

3. Campo de experiência que se organizam com base na BNCC (BRASIL, 2017): organize suas anotações de acordo com os campos de experiência a seguir:

- O eu, o outro e o nós;
- Corpo, gestos e movimentos;
- Escuta, fala, pensamento e imaginação;
- Espaços, tempos, quantidades, relações e transformações.

4. Objetivo de aprendizagem e desenvolvimento: os objetivos são as metas que se pretende atingir ou o que se espera que o/a estudante aprenda ao final destas atividades/aula ou sequência de aulas. Sugere-se que cada objetivo inicie com um verbo no infinitivo, podendo usar os verbos e domínios cognitivos da Taxonomia de Bloom[27].

Figura 30 - Domínios cognitivos da Taxonomia de Bloom

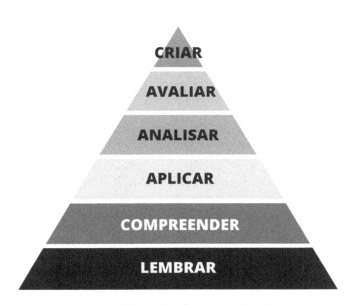

Fonte: elaborado pelos autores (2022).

Na educação infantil podem ser utilizados os objetivos de aprendizagem e desenvolvimento previstos na BNCC (BRASIL, 2017) para cada campo de experiência e faixa etária ou mesmo o referencial curricular da rede municipal ou da rede estadual, que tem como base a própria BNCC.

5. Persona (perfil do estudante): persona são como personagens criados para representar as características e tipos de estudantes do seu planejamento de atividades, tais como: idade, sexo, gostos, interesses, comportamento em aula, estilos de aprendizagem, situação social, cultural e econômica etc., ou seja, todas as informações de perfil que possam agregar no processo de planejamento da metodologia ativa. Organize suas anotações em uma ou duas personas que possam representar o grupo de estudantes e se baseie nestas para planejar as atividades.

---

[27] Saiba mais em 2002. BLOOM, B. S. Taxonomia de objetivos educacionais – domínio cognitivo. Rio. Grande do Sul: Ed Globo, 1973. BORST, W.N.

6. Proposta de valor (experiência de aprendizagem criativa): proposta de valor é o valor a ser dado ou entregue para o/a estudante na experiência de aprendizagem. É ela que faz o/a estudante ver sentido na aula ou atividade e se interessar/motivar e querer aprender. Espera-se que a proposta de valor possibilite uma aprendizagem criativa, significativa e contextualizada com a realidade do/a aprendiz.

7. Atividades principais (procedimentos metodológicos): aqui deverão ser mencionadas ou detalhadas as atividades de aprendizagem, inclusive as ações realizadas antes da aula, como textos, vídeos, jogos, testes, pesquisas e demais materiais didáticos e procedimentos de preparação do/a estudante para a aula presencial ou *online*. Da mesma forma, o desenvolvimento das atividades em aula, tais como: organização dos/as estudantes, do espaço físico (ou virtual), distribuição de materiais, orientações, etapas das atividades etc. Além disso, também se considera as ações pós-aula, com atividades de estudo e pesquisa complementar, testes e avaliações, entregas de tarefas etc., sempre com um olhar para uma proposta que tenha o/a estudante no centro do processo de aprendizagem, convergente com a persona estudada e com base na metodologia ativa escolhida.

Importante propor atividades que potencializem o protagonismo, incentivando o/a estudante como "autor/a" da experiência de construção do conhecimento, bem como incentivando o uso autônomo e crítico de ferramentas para acessar e analisar diferentes fontes de informação.

Ainda, atividades que valorizem o pensamento criativo e sensível para construir alternativas de solução de problemas próximos da realidade. Também busque desenvolver um pensamento crítico, com elaboração de argumentos para a análise da realidade em que vive. Assim, o/a estudante deve refletir sobre o seu papel na sociedade e a necessidade de transformá-la para uma maior igualdade de oportunidades sociais e liberdade de pensamento.

Dentro dos procedimentos metodológicos, devem ser previstas atividades colaborativas, na qual um/a estudante aprende com o/a outro/a ou com o grupo, trabalhando juntos/as em torno de um objetivo comum, dentro da proposta sociointeracionista de aprendizagem. Nesta perspectiva, os/as estudantes agem ativamente no processo de aprender e o/a professor/a faz a mediação e intervenção das ações a serem realizadas.

8. Conhecimento prévio necessário: os conhecimentos prévios são os conhecimentos, saberes e informações presentes na mente dos/as estudantes que devem ser acionados para a construção de um novo conhecimento previsto em sala de aula. Planejar como você integrará os conhecimentos prévios, bem como incentivará que estudantes busquem conhecimentos necessários para iniciar ou aprofundar um determinado estudo.

9. Ferramentas e métodos ativos: neste espaço você deve escolher a melhor ferramenta ou método ativo que se adapta a sua proposta de atividade, perfil do/a estudante e objetivo de aprendizagem, tais como: aprendizagem baseada em problemas, em projetos, por times ou duplas, estudo de caso, sala de aula invertida, estação por rotação, *Design Thinking* etc. Escolhendo o método, detalhar as etapas a serem desenvolvidas.

10. Ações interdisciplinares: estas ações permitem o/a professor/a ou o conjunto de professores/a articularem a integração dos conteúdos de uma ou mais disciplinas/unidades curriculares no ensino fundamental e médio ou campos de experiência na educação infantil. Já na educação superior, é possível articular as disciplinas presentes na matriz curricular e ofertadas no período letivo, com o olhar para escrita acadêmica. A interdisciplinaridade possibilita um conhecimento mais abrangente e contextualizado.

11. Avaliação processual: aqui é possível detalhar as formas de avaliação do antes (diagnóstico), durante (formativa) e após (somativa) a atividade de aprendizagem. Importante considerar, na elaboração de instrumentos avaliativos, as estratégias e métodos ativos escolhidos, os objetivos de aprendizagem, o perfil da turma e os recursos disponíveis.

Destaca-se que a avaliação processual tem como principais características a adoção do processo de avaliação contínuo, a utilização de parâmetros ou critérios predefinidos e uma análise baseada nos aspectos positivos do processo educativo, por exemplo, participação nas tarefas propostas, motivação, espírito crítico, autonomia intelectual e níveis de colaboração e interação com os pares. A avaliação é uma etapa do processo formativo e considera toda a jornada do/a estudante, acompanhando e valorizando sua construção de conhecimentos.

12. Revisão do planejamento: nesta etapa é importante revisar os aspectos que foram bem desenvolvidos e fluíram no decorrer do processo, apontar os aspectos que foram desafiadores, bem como os que não funcionaram bem, buscando compreender suas causas e também as oportunidades de melhoria e de ajustes necessários. Esse olhar reflexivo deve inclusive ser exercido frente a sua prática e atuação pedagógica nas diferentes etapas de desenvolvimento, buscando aprimoramentos constantes.

V.II. Mapa de planejamento de Metodologias Ativas – Ensino Fundamental

O ensino fundamental, como uma das etapas da educação básica, tem duração de 9 anos e atende crianças entre 6 e 14 anos. Seu ciclo voltado para os anos iniciais, do 1º ao 5º ano (Ensino Fundamental I), tem um/a docente polivalente que atua em várias áreas do conhecimento. Este ciclo inicial também é a fase de transição da educação infantil para o ensino fundamental e tem uma preocupação em continuar o desenvolvimento e a ampliação de competências, como autonomia, socialização, e aquisição de novos conhecimentos. O processo de alfabetização/letramento das crianças é destaque, assim como habilidades necessárias para o processo de aprendizagem das diferentes áreas do conhecimento.

Já os anos finais, do 6º ao 9º ano (Ensino Fundamental II), oferece uma nova experiência ao/à estudante de ter diferentes professores/as lecionando as disciplinas/áreas do conhecimento. Nesta etapa da educação, o/a estudante tende a desenvolver e aprofundar várias competências, como autonomia, pensamento crítico, potencializar as reflexões, conexões e geração de conhecimentos, bem como as possibilidades de atuar em processos colaborativos e criativos, inclusive interagindo e explorando de forma mais intensa os recursos tecnológicos, por meio de estratégias didáticas ativas.

Capítulo V - Mapa de Planejamento das Metodologias Ativas para cada nível/segmento de ensino

Figura 31 - Mapa de planejamento metodologias ativas – Ensino fundamental

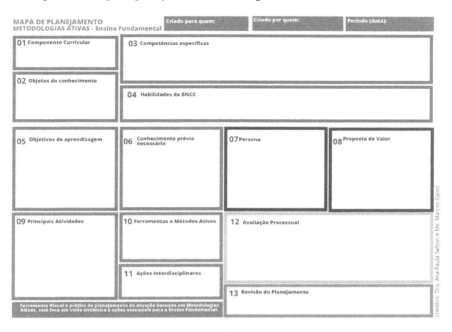

Fonte: elaborado pelos autores (2022).

Para melhor compreender como preencher o Mapa de Planejamento de Metodologias Ativas, acompanhe junto à imagem as orientações a seguir. Sugerimos que você imprima a versão livre e gratuita, podendo ser em tamanho A4 ou A3 e tenha esse mapa com você constantemente para o planejamento de projetos, aulas, semestre e/ou cursos. Você encontrará nos Anexos deste livro a versão apta para cópias e/ou impressão.

Como preencher os campos do Mapa:

Criado para quem: preencher com ano/série, turma ou grupo de estudantes

Criado por quem: preencher com nome do/a professor/a ou do grupo de professores/as

Período (data): preencher com data da criação do mapa

1. Componentes curriculares da BNCC anos iniciais e finais do Ensino Fundamental: você encontrará abaixo os componentes curriculares e poderá preencher no Mapa de Planejamento das Metodologias Ativas as que estiverem de acordo com seu planejamento.

123

Figura 32 - Componentes curriculares – BNCC

Componentes Curriculares - BNCC

Áreas	Componentes curriculares
Linguagens	Língua Portuguesa
	Arte
	Educação Física
	Língua Inglesa
Matemática	Matemática
Ciências da natureza	Ciências
Ciências Humanas	Geografia
	História
Ensino religioso	Ensino religioso

Fonte: BRASIL, 2017.

2. Objetos do conhecimento: os objetos do conhecimento são os conteúdos ou mesmo conhecimentos disciplinares ou curriculares envolvidos nas atividades previstas pelo mapa de planejamento. A própria BNCC (BRASIL, 2017) define os objetos do conhecimento envolvido em cada habilidade. Complete com o/s objeto/s de conhecimento conforme seu planejamento.

Figura 33 - Exemplo de objetos do conhecimento

CIÊNCIAS - 1º ANO

UNIDADES TEMÁTICAS	OBJETOS DE CONHECIMENTO
Vida e evolução	Corpo humano Respeito à diversidade

Fonte: BRASIL, 2017.

3. Competências específicas da área: cada área de conhecimento estabelece competências específicas de área, cujo desenvolvimento deve ser promovido ao longo dos nove anos. (BRASIL, 2017).

Nas áreas que abrigam mais de um componente curricular (Linguagens e Ciências Humanas), também são definidas competências específicas do componente (Língua Portuguesa, Arte, Educação Física, Língua Inglesa, Geografia e História) a ser desenvolvidas pelos alunos ao longo dessa etapa de escolarização (BRASIL, 2017).

Para ver as competências específicas da área sugerimos que acesse a BNCC[28] (BRASIL, 2017) ou mesmo o currículo da rede estadual ou municipal.

4. Habilidades da BNCC: as habilidades expressam as aprendizagens essenciais que devem ser asseguradas aos/às estudantes nos diferentes contextos escolares. Para tanto, elas são descritas de acordo com uma determinada estrutura, conforme ilustrado no exemplo a seguir:

---

[28] http://basenacionalcomum.mec.gov.br/abase

Tabela 2 - Exemplo de estrutura de habilidades da BNCC

Diferenciar	escravidão, servidão e trabalho livre	no mundo antigo
Verbo(s) que explicita(m) o(s) processo(s) cognitivo(s) envolvido(s) na habilidade	Complemento do(s) verbo(s), que explicita o(s) objeto(s) de conhecimento mobilizado(s) na habilidade	Modificadores do(s) verbo(s) ou do complemento, que explicitam o contexto e/ou uma maior especificidade de aprendizagem esperada

Fonte: BRASIL, 2017.

5. Objetivos de aprendizagem: os objetivos são as metas que se pretende atingir ou o que se espera que o/a estudante aprenda ao final destas atividades/aula ou sequência e aulas. Sugere-se que cada objetivo inicie com um verbo no infinitivo, podendo usar os verbos e domínios cognitivos da taxonomia de Bloom[29].

Figura 34 - Domínios cognitivos da Taxonomia de Bloom

Fonte: elaborado pelos autores (2022).

---

[29] Saiba mais em 2002. BLOOM, B. S. Taxonomia de objetivos educacionais – domínio cognitivo. Rio. Grande do Sul: Ed. Globo, 1973. BORST, W. N.

6. Conhecimento prévio necessário: os conhecimentos prévios são os conhecimentos, saberes e informações presentes na mente dos/as estudantes que devem ser acionados para a construção de um novo conhecimento previsto em sala de aula. Planejar como você integrará os conhecimentos prévios, bem como incentivará que estudantes busquem conhecimentos necessários para iniciar ou aprofundar um determinado estudo.

7. Persona (perfil do estudante): persona são como personagens criados para representar as características e tipos de estudantes do seu planejamento de atividades, tais como: idade, sexo, gostos, interesses, comportamento em aula, estilos de aprendizagem, situação social, cultural e econômica etc., ou seja, todas as informações de perfil que possam agregar no processo de planejamento da metodologia ativa. Organize suas anotações em uma ou duas personas que possam representar o grupo de estudantes e se baseie nestas para planejar as atividades.

8. Proposta de valor (experiência de aprendizagem criativa): proposta de valor é o valor a ser dado ou entregue para o/a estudante na experiência de aprendizagem. E ela que faz o/a aprendiz ver sentido na aula ou atividade e se interessar/motivar e querer aprender. Espera-se que a proposta de valor possibilite uma aprendizagem criativa, significativa e contextualizada com a realidade do/a estudante.

9. Atividades principais (procedimentos metodológicos): aqui deverão ser mencionadas ou detalhadas as atividades de aprendizagem, inclusive as ações realizadas antes da aula, como textos, vídeos, jogos, testes, pesquisas e demais materiais didáticos e procedimentos de preparação do/a estudante para a aula presencial ou *online*. Da mesma forma, o desenvolvimento das atividades em aula, tais como: organização dos/as estudantes, do espaço físico (ou virtual), distribuição de materiais, orientações, etapas das atividades etc. Além disso, também se considera as ações pós-aula, com atividades de estudo e pesquisa complementar, testes e avaliações, entregas de tarefas etc., sempre com um olhar para uma proposta que tenha o/a estudante no centro do processo de aprendizagem, convergente com a persona estudada e com base na metodologia ativa escolhida.

Importante propor atividades que potencializem o protagonismo, incentivando o/a estudante como "autor/a" da experiência de construção do conhecimento, bem como incentivando o uso autônomo e crítico de ferramentas para acessar e analisar diferentes fontes de informação.

Ainda, atividades que valorizem o pensamento criativo e sensível para construir alternativas de solução de problemas próximos da realidade. Também busque desenvolver um pensamento crítico, com elaboração de argumentos para a análise da realidade em que vive. Assim, o/a estudante deve refletir sobre o seu papel na sociedade e a necessidade de transformá-la para uma maior igualdade de oportunidades sociais e liberdade de pensamento.

Dentro dos procedimentos metodológicos, devem ser previstas atividades colaborativas, na qual um/a estudante aprende com o/a outro/a ou com o grupo, trabalhando juntos/as em torno de um objetivo comum, dentro da proposta sociointeracionista de aprendizagem. Nesta perspectiva, os/as estudantes agem ativamente no processo de aprender e o/a professor/a faz a mediação e intervenção das ações a serem realizadas.

10. Ferramentas e métodos ativos: neste espaço você deve escolher a melhor ferramenta ou método ativo que se adapta a sua proposta de atividade, perfil do/a estudante e objetivo de aprendizagem, tais como: aprendizagem baseada em problemas, em projetos, por times ou duplas, estudo de caso, sala de aula invertida, estação por rotação, *Design Thinking* etc. Escolhendo o método, detalhar as etapas a serem desenvolvidas.

11. Ações interdisciplinares: estas ações permitem o/a professor/a ou o conjunto de professores/a articularem a integração dos conteúdos de uma ou mais disciplinas/unidades curriculares no ensino fundamental e médio ou campos de experiência na educação infantil. Já na educação superior, é possível articular as disciplinas presentes na matriz curricular e ofertadas no período letivo, com o olhar para escrita acadêmica. A interdisciplinaridade possibilita um conhecimento mais abrangente e contextualizado.

12. Avaliação processual: aqui é possível detalhar as formas de avaliação do antes (diagnóstico), durante (formativa) e após (somativa) a atividade de aprendizagem. Importante considerar, na elaboração de instrumentos avaliativos, as estratégias e métodos ativos escolhidos, os objetivos de aprendizagem, o perfil da turma e os recursos disponíveis.

Destaca-se que a avaliação processual tem como principais características a adoção do processo de avaliação contínuo, a utilização de parâmetros ou critérios predefinidos e uma análise baseada nos aspectos positivos do processo educativo, por exemplo, participação nas tarefas propostas, motivação, espírito crítico, autonomia intelectual e níveis de colaboração e interação com os pares. A avaliação é uma etapa do processo formativo e considera toda a jornada do/a estudante, acompanhando e valorizando sua construção de conhecimentos.

13. Revisão do planejamento: nesta etapa é importante revisar os aspectos que foram bem desenvolvidos e fluíram no decorrer do processo, apontar os aspectos que foram desafiadores, bem como os que não funcionaram bem, buscando compreender suas causas e também as oportunidades de melhoria e de ajustes necessários. Esse olhar reflexivo deve inclusive ser exercido frente a sua prática e atuação pedagógica nas diferentes etapas de desenvolvimento, buscando aprimoramentos constantes.

V.III. Mapa de planejamento de Metodologias Ativas – Ensino Médio

O ensino médio, como última etapa da educação básica, tem o grande desafio de contribuir para o contínuo desenvolvimento de competências, definição de como atuar de forma mais ativa na sociedade e planejamento sobre os caminhos da própria vida. Para muitos/as é o caminho para o ingresso ao ensino superior e/ou para o mercado de trabalho. Nos últimos anos vem passando por uma reformulação curricular e de organização, possibilitando o desenvolvimento de projetos de vida e a criação de itinerários formativos, bem como um currículo mais flexível. No entanto, ainda são enormes os desafios educativos para este nível de ensino, sobretudo em relação às oportunidades e adaptações das mudanças de currículo conforme as diferentes realidades.

É um nível de ensino que ainda precisa (re)criar a própria identidade (razão de existir para o/a estudante) e incrementar suas potencialidades junto aos/às aprendizes no que diz respeito a uma experiência ativa de aprendizagem. Nesta etapa as metodologias ativas possibilitam um ensino contextualizado e significativo, próximo da realidade do/a jovem, que permite o protagonismo juvenil e a aprendizagem por desafios. Também podem ser meio para desenvolver a autonomia, o processo criativo e colaborativo, inclusive ao explorar o uso das tecnologias nos processos educacionais.

Figura 35 - Mapa de planejamento Metodologias Ativas – Ensino Médio

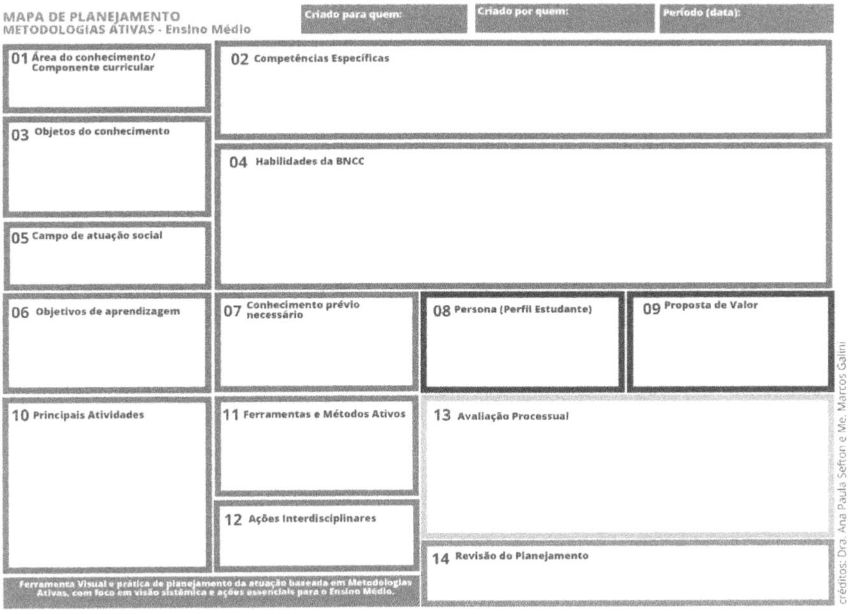

Fonte: elaborado pelos autores (2022).

Para melhor compreender como preencher o Mapa de Planejamento de Metodologias Ativas, acompanhe junto à imagem as orientações a seguir. Sugerimos que você imprima a versão livre e gratuita, podendo ser em tamanho A4 ou A3 e tenha esse mapa com você constantemente para o planejamento de projetos, aulas, semestre e/ou cursos. Você encontrará nos Anexos deste livro a versão apta para cópias e/ou impressão.

Como preencher os campos do Mapa:

Criado para quem: preencher com ano/série, turma ou grupo de estudantes

Criado por quem: preencher com nome do/a professor/a ou do grupo de professores/as

Período (data): preencher com data da criação do mapa

1. Área do conhecimento/componente curricular: conforme a BNCC, o Ensino Médio está organizado em quatro áreas do conhecimento. A organização por áreas, "não exclui necessariamente as disciplinas, com suas especificidades e saberes próprios historicamente construídos, mas, sim, implica o fortalecimento das relações entre elas e a sua contextualização para apreensão e intervenção na realidade, requerendo trabalho conjugado e cooperativo dos seus professores no planejamento e na execução dos planos de ensino" (BRASIL, 2017).

Figura 36 - Áreas do conhecimento BNCC

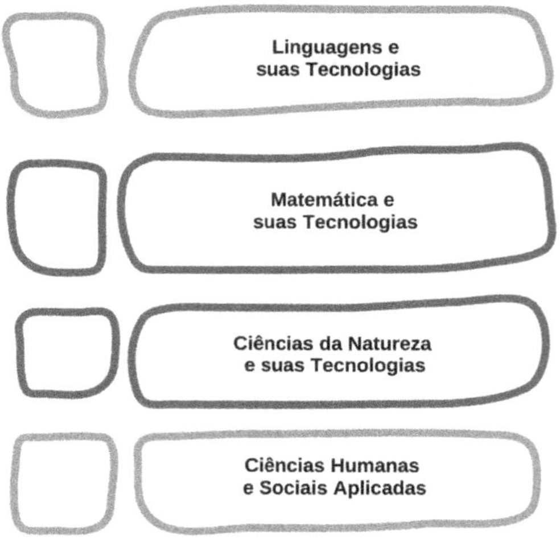

- Linguagens e suas Tecnologias
- Matemática e suas Tecnologias
- Ciências da Natureza e suas Tecnologias
- Ciências Humanas e Sociais Aplicadas

Fonte: BRASIL, 2017.

Cada área do conhecimento explicita seu papel na formação integral dos/as aprendizes do Ensino Médio e destaca particularidades no que concerne ao tratamento de seus objetos de conhecimento, considerando as características dos/as estudantes, as aprendizagens promovidas no Ensino Fundamental e as especificidades e demandas dessa etapa da escolarização.

Em função das determinações da Lei nº 13.415/2017, são detalhadas as habilidades de Língua Portuguesa e Matemática, considerando que esses componentes curriculares devem ser oferecidos nos três anos do Ensino Médio. Ainda assim, para garantir aos sistemas de ensino e às escolas a construção de currículos e propostas pedagógicas flexíveis e adequados à sua realidade, essas habilidades são apresentadas sem indicação de seriação.

Nesta etapa é importante registrar no Mapa de Planejamento de Metodologias Ativas os componentes curriculares que terão destaque, lembrando-se de correlacionar os componentes com as áreas do conhecimento.

2. Objetos do conhecimento: os objetos do conhecimento são os conteúdos ou mesmo conhecimentos disciplinares ou curriculares envolvidos nas atividades previstas pelo mapa de planejamento. Definir e registrar os objetos de conhecimento fundamentais ao seu planejamento.

3. Campos de atuação social (somente para a área da linguagem): Os campos de atuação social propostos para contextualizar as práticas de linguagem no Ensino Médio em Língua Portuguesa correspondem aos mesmos considerados pela área (BRASIL, 2017). Registrar no seu planejamento os campos de atuação social a serem propostos.

Figura 37 - Campo da vida – BNCC

FUNDAMENTAL I	FUNDAMENTAL II	MÉDIO
Campo da vida cotidiana		Campo da vida pessoal
Campo artístico-literário	Campo artístico-literário	Campo artístico-literário
Campo das práticas de estudo e pesquisa	Campo das práticas de estudo e pesquisa	Campo das práticas de estudo e pesquisa
	Campo jornalístico-midiático	Campo jornalístico-midiático
Campo da vida pública	Campo de atuação na vida pública	Campo de atuação na vida pública

Fonte: BRASIL, 2017.

4. Competências específicas: cada área do conhecimento estabelece competências específicas de área, cujo desenvolvimento deve ser promovido ao longo dessa etapa, tanto no âmbito da BNCC como dos itinerários formativos das diferentes áreas. Essas competências explicitam como as competências gerais da Educação Básica se expressam nas áreas. Elas estão articuladas às competências específicas de área para o Ensino Fundamental, com as adequações necessárias ao atendimento das especificidades de formação dos estudantes do Ensino Médio (BNCC, 2017). Definir e registrar as competências específicas no seu planejamento.

5. Habilidades da BNCC: para assegurar o desenvolvimento das competências específicas de área, a cada uma delas é relacionado um conjunto de habilidades, que representa as aprendizagens essenciais a serem garantidas no âmbito da BNCC a todos/as estudantes do Ensino Médio. Elas são descritas de acordo com a mesma estrutura adotada no Ensino Fundamental.

As áreas de Ciências da Natureza e suas Tecnologias (Biologia, Física e Química), Ciências Humanas e Sociais Aplicadas (História, Geografia, Sociologia e Filosofia) e Matemática e suas Tecnologias (Matemática) seguem uma mesma estrutura: definição de competências específicas de área e habilidades que lhes correspondem. Na área de Linguagens e suas Tecnologias (Arte, Educação Física, Língua Inglesa e Língua Portuguesa), além da apresentação das competências específicas e suas habilidades, são definidas habilidades para Língua Portuguesa (BRASIL, 2017).

Definir e registrar as habilidades no seu planejamento, conforme as competências específicas de área.

6. Objetivo de aprendizagem: os objetivos são as metas que se pretende atingir ou o que se espera que o/a estudante aprenda ao final destas atividades /aula ou sequência e aulas. Sugere-se que cada objetivo inicie com um verbo no infinitivo, podendo usar os verbos e domínios cognitivos da taxonomia de Bloom[30].

Figura 38 - Mapa de planejamento Metodologias Ativas – Ensino Médio

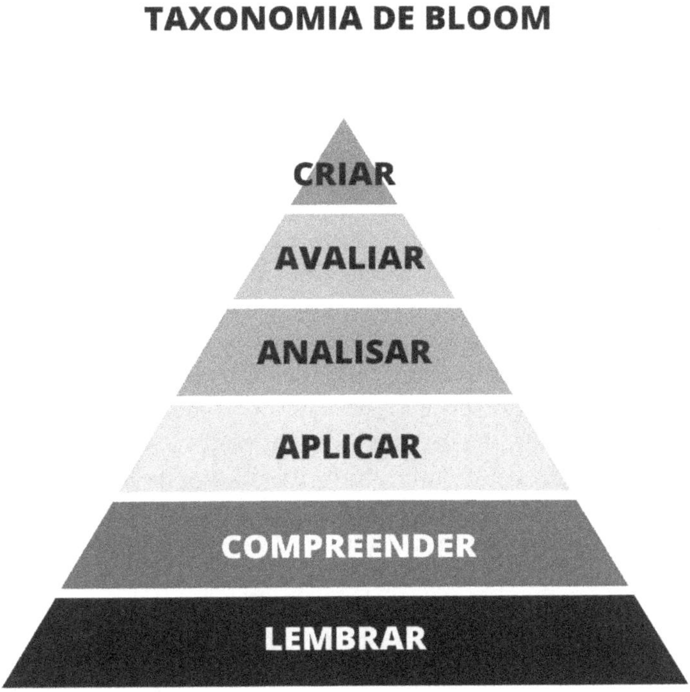

TAXONOMIA DE BLOOM

CRIAR
AVALIAR
ANALISAR
APLICAR
COMPREENDER
LEMBRAR

Fonte: elaborado pelos autores (2022).

7. Conhecimento prévio necessário: os conhecimentos prévios são os conhecimentos, saberes e informações presentes na mente dos/as estudantes que devem ser acionados para a construção de um novo conhecimento

---

[30] Saiba mais em 2002. BLOOM, B. S. Taxonomia de objetivos educacionais – domínio cognitivo. Rio. Grande do Sul: Ed Globo, 1973. BORST, W.N.

previsto em sala de aula. Planejar como você integrará os conhecimentos prévios, bem como incentivará que estudantes busquem conhecimentos necessários para iniciar ou aprofundar um determinado estudo.

8. Persona (perfil do estudante): persona são como personagens criados para representar as características e tipos de estudantes do seu planejamento de atividades, tais como: idade, sexo, gostos, interesses, comportamento em aula, estilos de aprendizagem, situação social, cultural e econômica etc, ou seja, todas as informações de perfil que possam agregar no processo de planejamento da metodologia ativa. Organize suas anotações em uma ou duas personas que possam representar o grupo de estudantes e se baseie nestas para planejar as atividades.

9. Proposta de valor (experiência de aprendizagem criativa): proposta de valor é o valor a ser dado ou entregue para o/a estudante na experiência de aprendizagem. E ela que faz o/a aprendiz ver sentido na aula ou atividade e se interessar/motivar e querer aprender. Espera-se que a proposta de valor possibilite uma aprendizagem criativa, significativa e contextualizada com a realidade do/a estudante.

10. Atividades principais (procedimentos metodológicos): aqui deverão ser mencionadas ou detalhadas as atividades de aprendizagem, inclusive as ações realizadas antes da aula, como textos, vídeos, jogos, testes, pesquisas e demais materiais didáticos e procedimentos de preparação do/a estudante para a aula presencial ou *online*. Da mesma forma, o desenvolvimento das atividades em aula, tais como: organização dos/as estudantes, do espaço físico (ou virtual), distribuição de materiais, orientações, etapas das atividades etc. Além disso, também se considera as ações pós-aula, com atividades de estudo e pesquisa complementar, testes e avaliações entregas de tarefas etc., sempre com um olhar para uma proposta que tenha o/a estudante no centro do processo de aprendizagem, convergente com a persona estudada e com base na metodologia ativa escolhida.

Importante propor atividades que potencializem o protagonismo, incentivando o/a estudante como "autor/a" da experiência de construção do conhecimento, bem como incentivando o uso autônomo e crítico de ferramentas para acessar e analisar diferentes fontes de informação.

Ainda, atividades que valorizem o pensamento criativo e sensível para construir alternativas de solução de problemas próximos da realidade. Também busque desenvolver um pensamento crítico, com elaboração de argumentos para a análise da realidade em que vive. Assim, o/a estudante deve refletir sobre o seu papel na sociedade e a necessidade de transformá-la para uma maior igualdade de oportunidades sociais e liberdade de pensamento.

Dentro dos procedimentos metodológicos, devem ser previstas atividades colaborativas, na qual um/a estudante aprende com o/a outro/a ou com o grupo, trabalhando juntos/as em torno de um objetivo comum, dentro da proposta sociointeracionista de aprendizagem. Nesta perspectiva, os/as estudantes agem ativamente no processo de aprender e o/a professor/a faz a mediação e intervenção das ações a serem realizadas.

11. Ferramentas e métodos ativos: neste espaço você deve escolher a melhor ferramenta ou método ativo que se adapta a sua proposta de atividade, perfil do/a estudante e objetivo de aprendizagem, tais como: aprendizagem baseada em problemas, em projetos, por times ou duplas, estudo de caso, sala de aula invertida, estação por rotação, *Design Thinking* etc. Escolhendo o método, detalhar as etapas a serem desenvolvidas.

12. Ações interdisciplinares: estas ações permitem o/a professor/a ou o conjunto de professores/a articularem a integração dos conteúdos de uma ou mais disciplinas/unidades curriculares no ensino fundamental e médio ou campos de experiência na educação infantil. Já na educação superior, é possível articular as disciplinas presentes na matriz curricular e ofertadas no período letivo, com o olhar para escrita acadêmica. A interdisciplinaridade possibilita um conhecimento mais abrangente e contextualizado.

13. Avaliação processual: aqui é possível detalhar as formas de avaliação do antes (diagnóstico), durante (formativa) e após (somativa) a atividade de aprendizagem. Importante considerar, na elaboração de instrumentos avaliativos, as estratégias e métodos ativos escolhidos, os objetivos de aprendizagem, o perfil da turma e os recursos disponíveis.

Destaca-se que a avaliação processual tem como principais características a adoção do processo de avaliação contínuo, a utilização de parâmetros ou critérios predefinidos e uma análise baseada nos aspectos positivos do processo educativo, por exemplo, participação nas tarefas propostas, motivação, espírito crítico, autonomia intelectual e níveis de colaboração e interação com os pares. A avaliação é uma etapa do processo formativo e considera toda a jornada do/a estudante, acompanhando e valorizando sua construção de conhecimentos.

14. Revisão do planejamento: nesta etapa é importante revisar os aspectos que foram bem desenvolvidos e fluíram no decorrer do processo, apontar os aspectos que foram desafiadores, bem como os que não funcionaram bem, buscando compreender suas causas e também as oportunidades de melhoria e de ajustes necessários. Esse olhar reflexivo deve inclusive ser exercido frente a sua prática e atuação pedagógica nas diferentes etapas de desenvolvimento, buscando aprimoramentos constantes.

V.IV. Mapa de planejamento de Metodologias Ativas – Educação Superior

A Educação Superior que compreende cursos superiores de tecnologia, bacharelados e licenciaturas é o nível mais elevado do sistema educacional brasileiro e é ofertado por Instituições de Educação Superior – IES. No caso da graduação, cada curso tem a sua Diretriz Curricular Nacional – DCN na qual os Projetos Pedagógicos de Curso – PPC devem seguir.

O PPC é o principal documento de organização do curso de graduação e deve se adequar ao projeto pedagógico institucional da IES (políticas de extensão, pesquisa, acessibilidade, avaliação etc.) e às demandas sociais do próprio curso e da região em que está sendo ofertada. Deve abordar o número de vagas, turnos de funcionamento do curso, carga horária, metodologias, tecnologias e materiais didáticos, matriz curricular, ementas, bibliografia básica e complementar, perfil docente etc.

Figura 39 - **Mapa de planejamento metodologias ativas – Educação superior**

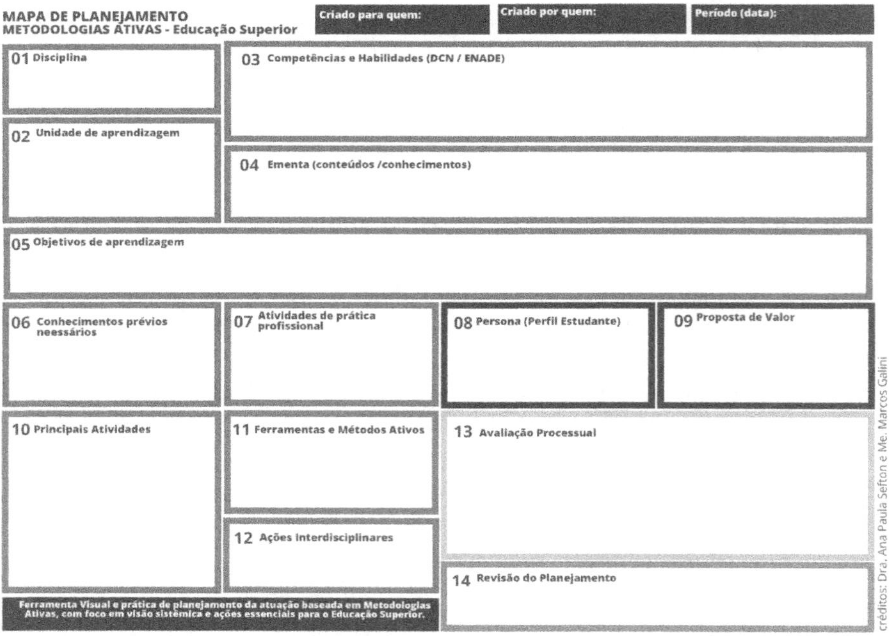

Fonte: elaborado pelos autores (2022).

Para melhor compreender como preencher o Mapa de Planejamento de Metodologias Ativas, acompanhe junto à imagem as orientações a seguir. Sugerimos que você imprima a versão livre e gratuita, podendo ser em tamanho A4 ou A3 e tenha esse mapa com você constantemente para o planejamento de projetos, aulas, semestre e/ou cursos. Você encontrará nos Anexos deste livro a versão apta para cópias e/ou impressão.

Como preencher os campos do Mapa:

Criado para quem: preencher com ano/série, turma ou grupo de estudantes

Criado por quem: preencher com nome do/a professor/a ou do grupo de professores/as

Período (data): preencher com data da criação do mapa

1. Disciplina: a disciplina deve seguir o que está previsto no PPC e na matriz curricular do curso. Registrar no Mapa de Planejamento com a disciplina em questão.

2. Unidade de aprendizagem: é o conjunto de conhecimentos ou técnicas a serem desenvolvidas durante um período letivo, em um número de horas/aula estabelecido. Tome nota da unidade de aprendizagem a que se refere o planejamento.

3. Competências e habilidades (DCN/ENADE): as competências e habilidades de cada curso são previstas nas Diretrizes Curriculares Nacionais e devem ser norteadoras no planejamento da disciplina. Já as competências previstas no Exame Nacional de Desempenho dos Estudantes (**Enade**) são apresentadas a cada ciclo de avaliação dos cursos de graduação, conforme estabelecido pelo Sistema Nacional de Avaliação da Educação Superior (Sinaes). Registre as competências e habilidades que farão parte do seu planejamento.

4. Ementa (conteúdos/conhecimentos): a ementa é um breve resumo dos conteúdos/conhecimentos a serem desenvolvidos na disciplina acadêmica; ou seja, é a delimitação do que será estudado naquela disciplina ou atividade. Tome nota dos conteúdos e conhecimentos fundamentais.

5. Objetivo de aprendizagem: os objetivos são as metas que se pretende atingir ou o que se espera que o/a estudante aprenda ao final destas atividades/aula ou sequência e aulas. Sugere-se que cada objetivo inicie com um verbo no infinitivo, podendo usar os verbos e domínios cognitivos da taxonomia de Bloom[31].

---

[31] Saiba mais em 2002. BLOOM, B. S. Taxonomia de objetivos educacionais – domínio cognitivo. Rio. Grande do Sul: Ed. Globo, 1973. BORST, W. N.

Figura 40 - Domínios cognitivos da Taxonomia de Bloom

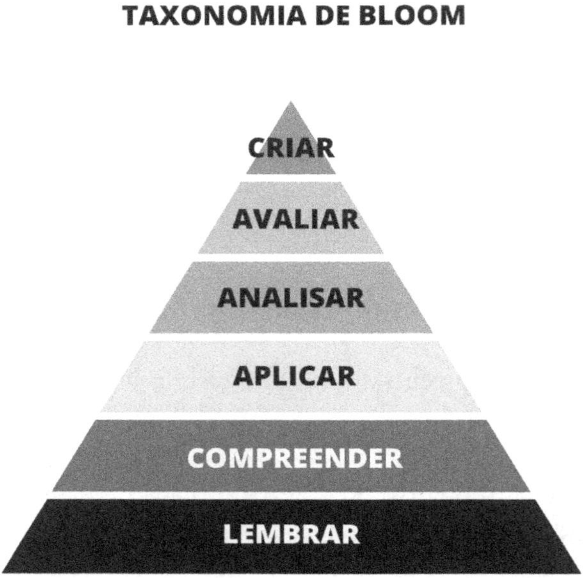

TAXONOMIA DE BLOOM

- CRIAR
- AVALIAR
- ANALISAR
- APLICAR
- COMPREENDER
- LEMBRAR

Fonte: elaborado pelos autores (2022).

6. Conhecimento prévio necessário: os conhecimentos prévios são os conhecimentos, saberes e informações presentes na mente dos/as estudantes que devem ser acionados para a construção de um novo conhecimento previsto em sala de aula. Planejar como você integrará os conhecimentos prévios, bem como incentivará que estudantes busquem conhecimentos necessários para iniciar ou aprofundar um determinado estudo.

7. Atividades de prática profissional: as atividades práticas possibilitam que o/a estudante vivencie situações próximas da realidade profissional, ou seja, aprender como atuar na profissão escolhida. É uma aplicação da fundamentação teórica na realidade profissional. Ela pode ser um componente curricular da graduação ou parte da carga horária das disciplinas. Como componente, busca articular o ensino, a pesquisa e a extensão, de forma integral e pode acontecer em projetos integradores ou técnicos, pesquisas acadêmicas e tecnológicas, estágios curriculares e atividades acadêmico-científico-cultural (AACC). Liste atividades de prática profissional condizentes ao seu planejamento.

8. Persona (perfil do estudante): persona são como personagens criados para representar as características e tipos de estudantes do seu planejamento de atividades, tais como: idade, sexo, gostos, interesses, comportamento em aula, estilos de aprendizagem, situação social, cultural e econômica etc, ou seja, todas as informações de perfil que possam agregar no processo de planejamento da metodologia ativa. Organize suas anotações em uma ou duas personas que possam representar o grupo de estudantes e se baseie nestas para planejar as atividades.

9. Proposta de valor (experiência de aprendizagem criativa): proposta de valor é o valor a ser dado ou entregue para o/a estudante na experiência de aprendizagem. É ela que faz o/a aprendiz ver sentido na aula ou atividade e se interessar/motivar e querer aprender. Espera-se a proposta de valor possibilite uma aprendizagem criativa, significativa e contextualizada com a realidade do/a estudante.

10. Principais atividades (procedimentos metodológicos): aqui deverão ser mencionadas ou detalhadas as atividades de aprendizagem, inclusive as ações realizadas antes da aula, como textos, vídeos, jogos, testes, pesquisas e demais materiais didáticos e procedimentos de preparação do/a estudante para a aula presencial ou *online*. Da mesma forma, o desenvolvimento das atividades em aula, tais como: organização dos/as estudantes, do espaço físico (ou virtual), distribuição de materiais, orientações, etapas das atividades etc. Além disso, também se considera as ações pós-aula, com atividades de estudo e pesquisa complementar, testes e avaliações, entregas de tarefas etc., sempre com um olhar para uma proposta que tenha o/a estudante no centro do processo de aprendizagem, convergente com a persona estudada e com base na metodologia ativa escolhida.

Importante propor atividades que potencializem o protagonismo, incentivando o/a estudante como "autor/a" da experiência de construção do conhecimento, bem como incentivando o uso autônomo e crítico de ferramentas para acessar e analisar diferentes fontes de informação.

Ainda, atividades que valorizem o pensamento criativo e sensível para construir alternativas de solução de problemas próximos da realidade. Também busque desenvolver um pensamento crítico, com elaboração de argumentos para a análise da realidade em que vive. Assim, o/a estudante deve refletir sobre o seu papel na sociedade e a necessidade de transformá-la para uma maior igualdade de oportunidades sociais e liberdade de pensamento.

Dentro dos procedimentos metodológicos, devem ser previstas atividades colaborativas, na qual um/a estudante aprende com o/a outro/a ou com o grupo, trabalhando juntos/as em torno de um objetivo comum, dentro da proposta sociointeracionista de aprendizagem. Nesta perspectiva, os/as estudantes agem ativamente no processo de aprender e o/a professor/a faz a mediação e intervenção das ações a serem realizadas.

11. Ferramentas e métodos ativos: neste espaço você deve escolher a melhor ferramenta ou método ativo que se adapta a sua proposta de atividade, perfil do/a estudante e objetivo de aprendizagem, tais como: aprendizagem baseada em problemas, em projetos, por times ou duplas, estudo de caso, sala de aula invertida, estação por rotação, *Design Thinking* etc. Escolhendo o método, detalhar as etapas a serem desenvolvidas.

12. Ações interdisciplinares: estas ações permitem o/a professor/a ou o conjunto de professores/a articularem a integração dos conteúdos de uma ou mais disciplinas/unidades curriculares no ensino fundamental e médio ou campos de experiência na educação infantil. Já na educação superior, é possível articular as disciplinas presentes na matriz curricular e ofertadas no período letivo, com o olhar para escrita acadêmica. A interdisciplinaridade possibilita um conhecimento mais abrangente e contextualizado.

13. Avaliação processual: aqui é possível detalhar as formas de avaliação do antes (diagnóstico), durante (formativa) e após (somativa) a atividade de aprendizagem. Importante considerar, na elaboração de instrumentos avaliativos, as estratégias e métodos ativos escolhidos, os objetivos de aprendizagem, o perfil da turma e os recursos disponíveis.

Destaca-se que a avaliação processual tem como principais características a adoção do processo de avaliação contínuo, a utilização de parâmetros ou critérios predefinidos e uma análise baseada nos aspectos positivos do processo educativo, por exemplo, participação nas tarefas propostas, motivação, espírito crítico, autonomia intelectual e níveis de colaboração e interação com os pares. A avaliação é uma etapa do processo formativo e considera toda a jornada do/a estudante, acompanhando e valorizando sua construção de conhecimentos.

14. Revisão do planejamento: nesta etapa é importante revisar os aspectos que foram bem desenvolvidos e fluíram no decorrer do processo, apontar os aspectos que foram desafiadores, bem como os que não funcionaram bem, buscando compreender suas causas e também as oportunidades de melhoria e de ajustes necessários. Esse olhar reflexivo deve inclusive ser exercido frente a sua prática e atuação pedagógica nas diferentes etapas de desenvolvimento, buscando aprimoramentos constantes.

Conclusão

Enfim chegamos ao término do livro "*Metodologias ativas: desenvolvendo aulas ativas para uma aprendizagem significativa*". Nosso convite com esta obra foi o de proporcionar um repensar sobre as práticas de ensino e metodologias, trazendo ao diálogo as que consideram o/a estudante como centro do processo de aprendizagem. E, acima de tudo, inspirar a transformação da atuação docente com foco nas metodologias ativas, na quebra de paradigmas arcaicos e na (re)criação de um ser e fazer docente cuja ênfase se dá em novas formas de atuar enquanto professor e professora junto aos/as estudantes.

Ao acompanhar a trajetória registrada nas páginas deste livro, temos a certeza que você assumiu o compromisso de fazer parte do time da transformação. E se integrou ao propósito deste diálogo, o de promover reflexões sobre a ação criativa e ativa das práticas pedagógicas, acolhendo, por certo, os desafios e as sobrecargas da docência e das demandas socioemocionais atuais.

As mudanças das práticas de sala de aula não são simples de serem feitas e requerem disposição e abertura do/a professor/a, bem como suporte e incentivo das lideranças da instituição de ensino. É possível começar por um planejamento focado nas premissas das metodologias ativas; com o exercício de escutar, conhecer e acolher os/as estudantes; com uma simples reorganização da sala de aula e das atividades, que estimulem a prática criativa e colaborativa; com a vivência de alguns métodos e ferramentas que contribuam para uma experiência significativa de aprendizagem. Também é possível criar ou fazer parte de uma rede colaborativa ou uma comunidade de aprendizagem vinculada à formação docente continuada; além de buscar práticas de reflexão e autoconhecimento para incrementar ainda mais o seu fazer pedagógico.

Iniciamos a trajetória deste livro aprofundando os conceitos de metodologias ativas, buscando compreender o/a aprendiz como central ao próprio processo de aprendizagem e as intencionalidades pedagógicas como fundamentais para sua prática. Atrelamos a urgência de repensar os paradigmas educacionais favorecendo uma aprendizagem significativa, contextualizada e ativa.

Em seguida, ressaltamos a necessidade de construir uma aprendizagem significativa e adaptativa considerando os diferentes perfis de estudantes, os estilos de aprendizagem, as inteligências múltiplas, bem como a história de vida e de contexto de realidade de cada aprendiz. Esta proposta é identificada com uma educação integral, conforme aponta os Pilares da Educação da UNESCO (conhecer, fazer, ser e conviver) e mais recentemente, a BNCC. Nesta perspectiva, destacamos a importância de uma avaliação que seja processual e formativa, de maneira a contemplar o desenvolvimento sistêmico de aprendizagem.

Neste diálogo, compartilhamos a perspectiva do/a professor/a ativador/a e as competências necessárias para este/a profissional, no uso das suas funções didáticas, técnicas, de gestão, éticas e estéticas. Refletimos sobre o/a docente neste novo contexto de avanço dos conhecimentos, de formas de se relacionar e de criar da humanidade, inclusive na percepção de um mundo mais colaborativo, crítico e atuante.

> As metodologias ativas se baseiam:
> - na intencionalidade pedagógica;
> - na aprendizagem centrada no/a estudante, com protagonismo das próprias construções de conhecimentos e experiências;
> - em pensamento crítico-reflexivo;
> - em propostas contextualizadas personalizadas e significativas;
> - em uma avaliação processual e formativa.

> Se a aplicação de métodos e ferramentas são aleatórios ou se as mesmas práticas são desenvolvidas sempre igual, sem considerar o perfil/necessidade/interesse individual e coletivo de cada grupo ou turma, essas não se caracterizam como práticas de metodologias ativas.

Trouxemos um repertório de metodologias ativas e também a relação com o ensino híbrido (desde aprendizagem baseada em problemas, baseada em projetos, estudo de caso, aprendizagem entre pares, sala de aula invertida, até rotação por estações, laboratórios rotacionais, rotação individual). Acrescentamos algumas contribuições extras para a área da Educação, como *Design Thinking*, Movimento *Maker*, Gamificação e STEAM; também trouxemos contribuições da Educação Empreendedora e o desenvolvimento de comportamentos empreendedores para a vida; assim como a abordagem dos recursos tecnológicos para uma Educação 4.0.

Ao final do livro, apresentamos uma ferramenta que criamos especialmente para inspirar, incrementar e organizar sua prática baseada em metodologias ativas: o **Mapa de Planejamento de Metodologias Ativas**, e cada segmento de ensino tem o seu modelo, para ser usado, copiado e compartilhado por você e seus/suas pares. Destacamos que, durante a leitura deste livro, você também foi convidado/a a registrar em seu/sua Diário de Bordo várias ideias, propositivas e inspirações para sua jornada docente.

Aproveite para apresentar as ferramentas e ideias deste livro para os/as professores/as da sua instituição, de forma a multiplicar esta visão e práticas propositivas do uso das metodologias ativas. Convide, proponha, contribua, ouse, pois o "cenário atual" e o "não" você já tem. E quem sabe, com sua iniciativa, você e demais pessoas possam iniciar ou acelerar uma mudança nas práticas educativas.

Lembre-se: fundamental buscar a aprendizagem constante e a conexão com seu propósito de vida. Busque novos conhecimentos, o desenvolvimento de competências, a vivência de práticas de autoconhecimento, a aprendizagem por meio de erros e acertos, assim como de experiências criativas e colaborativas. Afinal, precisamos de ações individuais e também coletivas para contribuirmos com a mudança dos paradigmas educacionais e, sobretudo, para construirmos e ofertarmos uma aprendizagem ativa e contextualizada juntos aos/às estudantes.

Agora é com você! Revisite sempre que necessário este livro, utilize o Mapa de Planejamento de Metodologias Ativas, e as anotações do Diário de Bordo que você criou nesta trajetória de leitura.

Promova, no seu dia a dia, as transformações necessárias para desenvolver aulas ativas com foco em uma aprendizagem significativa.

Até uma próxima oportunidade de diálogo!
Abraços, Ana Paula Sefton e Marcos Evandro Galini.

Referências

ARAÚJO, Ulisses F. e SASTRE, Genoveva. (Orgs.) **Aprendizagem baseada em problemas no ensino superior**. São Paulo: Summus Editorial, 2009.

ARAÚJO, Ulisses F. Temas transversais, pedagogia de projetos e as mudanças na educação. São Paulo: Summus, 2014. Disponível em: https://www.google.com/books/edition/Temas_transversais_pedagogia_de_projetos/nh46BAAAQBAJ?hl=en&gbpv=1&dq=ulisses+f+araujo&printsec=frontcover. Acesso em 10 ago. 2022.

ANDRÉ, Marli. (Org.) **O papel da pesquisa na formação e na prática dos professores**. 5. ed. Campinas: Papirus, 2006.

AUSUBEL, D. P. **Aquisição e retenção de conhecimentos**. Lisboa: Plátano Edições Técnicas, 2003.

BACICH, Lilian e MORAN, José. **Metodologias ativas para uma educação inovadora**. Porto Alegre: Penso, 2018.

BENDER, W. N. **Aprendizagem baseada em projetos: educação diferenciada para o século XXI**. Porto Alegre: Penso, 2014.

BERGMANN, Jonathan; SAMS, Aaron. **Sala de aula invertida**: Uma metodologia ativa de aprendizagem. Trad. Afonso Celso da Cunha Serra. 1. ed. Rio de Janeiro: LTC, 2016.

BLOOM, B. S. **Taxonomia de objetivos educacionais – domínio cognitivo**. Rio Grande do Sul: Ed. Globo, 1973. BORST, W. N. (atualizado em 2002).

BRASIL. Ministério da Educação. **Base Nacional Comum Curricular – BNCC**. Brasília, DF, 2017. Disponível em <http://basenacionalcomum.mec.gov.br/images/BNCC_EI_EF_110518_versaofinal_site.pdf> Acesso em 10 ago. 2022.

BRASIL. Presidência da República. Lei n. 9.394, de 20 de dezembro de 1996. Estabelece as diretrizes e bases da educação nacional. Disponível em: <www.planalto.gov.br/ccivil_03/leis/L9394.htm>. Acesso em 10 ago. 2022.

BRASIL. Presidência da República. Lei nº 13.415, d e16 de fevereiro de 2017. Altera as Leis nº 9.394, de 20 de dezembro de 1996, que estabelece as diretrizes e bases da educação nacional, e 11.494, de 20 de junho 2007, que regulamenta o Fundo de Manutenção e Desenvolvimento da Educação Básica. Disponível em: http://www.planalto.gov.br/ccivil_03/_ato2015-2018/2017/lei/l13415.htm Acesso em 10 ago. 2022.

BROWN, Malcolm; McCormack, Mark; Reeves, Jamie; et al. 2020 EDUCAUSE Horizon Report, Teaching and Learning Edition (Louisville, CO: EDUCAUSE, 2020). Disponível em: https://library.educause.edu/resources/2020/3/2020-educause-horizon-report-teaching-and-learning-edition Acesso em 10 ago. 2022.

CANDAU, Vera M. (Org.). **A didática em questão**. 36. ed. Petrópolis, RJ: Vozes, 2014.

CASTELLS, Manuel. **A sociedade em Rede**. São Paulo: Paz e Terra, 1999.

CASTELLS, Manuel. **O digital é o novo normal.** Fronteiras do Pensamento, 2020. Disponível em https://www.fronteiras.com/artigos/o-digital-e-o-novo-normal. Acesso em 10 ago. 2022.

CAVALCANTI, C. C.; FILATRO, A. **Design thinking**: na educação presencial, a distância e corporativa. São Paulo: Saraiva, 2017.

CETIC.BR. **TIC educação 2018**: apresentação dos principais resultados. São Paulo, 29 set. 2018. Disponível em: https://cetic.br/pesquisa/educacao/indicadores/. Acesso em 10 ago. 2022.

CIPRIANO Luckesi. **Avaliação da aprendizagem escolar**: estudos e proposições, 12. ed. São Paulo: Cortez, 2008.

DELORS, J. et al. **Educação: um tesouro a descobrir.** Relatório para a UNESCO da Comissão Internacional sobre Educação para o século XXI. São Paulo: Cortez, 1996.

DEWEY, J. **Democracia e Educação**: Introdução à filosofia da educação. 3 ed. São Paulo: Companhia Editora Nacional, 1959.

FERREIRA, L. M. S. **Retratos da avaliação**: conflitos, desvirtuamentos e caminhos para a superação. 3. ed. Porto Alegre: Mediação, 2009.

FILATRO, Andrea. **Design instrucional 4.0**. São Paulo: Saraiva, 2019.

FREINET, Celéstin. **Pedagogia do Bom Senso**. São Paulo: Martins Fontes,1996.

FREIRE, Paulo. **Pedagogia da Autonomia**: saberes necessários à prática educativa. São Paulo: Paz e Terra, 1996 (Coleção Leitura).

FREIRE, Paulo. **Pedagogia do oprimido**. 17ª ed. São Paulo: Paz e Terra, 1987.

GARCIA, M. F. et al. Novas competências docentes frente às tecnologias digitais interativas. **Revista Teoria e Prática da Educação**, v. 14, n. 1, p. 79-87, jan./abr. 2011. Disponível em: <http://ojs.uem.br/ojs/index.php/TeorPratEduc/article/view/16108/8715>. Acesso em 10 ago. 2022.

GARDNER, Howard. **Inteligências Múltiplas**. Artmed: Porto Alegre, 1995.

GARDNER, Howard. **Inteligências Múltiplas ao redor do mundo**. Artmed: Porto Alegre, 2010.

GIL, Antonio Carlos. **Didática do ensino superior**. São Paulo: Atlas, 2008.

HAYDT, R. C. C. **Curso de didática geral**. 3. ed. São Paulo: Ática, 1997.

HOOKS, Bell. **Ensinando a transgredir**: a educação como prática da liberdade. São Paulo: Editora WMF Martins Fontes, 2013.

HOOKS, Bell. **Ensinando pensamento crítico**: sabedoria prática. Tradução Bhuvi Libanio. São Paulo: Elefante, 2020.

HORN, Michael B.; STAKER, Heather. **Blended**: usando a inovação disruptiva para aprimorar a educação. [tradução: Maria Cristina Gularte Monteiro; revisão técnica: Adolfo Tanzi Neto, Lilian Bacich]. Porto Alegre: Penso, 2015.

LEFFA, Vilson J. Sistemas de autoria para a produção de objetos de aprendizagem. In: BRAGA, Junia (Org.). **Integrando tecnologias no ensino de Inglês nos anos finais do Ensino Fundamental**. São Paulo: Edições SM, 2012, p. 174-191. (Coleção Somos Mestres; PNBE do Professor, 2013). Disponível em http://www.leffa.pro.br/textos/trabalhos/Sistemas_de_autoria.pdf. Acesso em 10 ago. 2022.

LEVY, Pierre. **Cibercultura**. São Paulo: Ed. 34, 1999.

LIBÂNEO, José Carlos. **Didática**. São Paulo: Cortez, 1994.

MACEDO, L. de. **Ensaios Pedagógicos**: Como construir uma escola para todos? Porto Alegre: Artmed Editora, 2005.

MATTAR, João. **Games em educação**: como os nativos digitais aprendem. São Paulo: Pearson Prentice Hall, 2010.

MAZUR, E. **Peer instruction**: a revolução da aprendizagem ativa. Porto Alegre: Penso, 2015.

MELO, Alessandro de; URBANETZ, Sandra T. **Fundamentos de didática**. 1. ed. Curitiba, PR: Intersaberes, 2012.

MENDES, R. M.; SOUSA, V. I.; CAREGNATO, S. E. A propriedade intelectual na elaboração de objetos de aprendizagem. In: **ENCONTRO NACIONAL DE CIÊNCIA** 408 Alfa, São Paulo, v. 61, n. 2, p. 381-408, 2017 DA INFORMAÇÃO, 5., 2004, Salvador, Anais... Salvador: Ed. da UFBA, 2004. Disponível em: https://lume.ufrgs.br/handle/10183/548. Acesso em 10 ago. 2022.

MESQUITA, Deleni; PIVA JR, Dilermando; GARA, Elizabete Briani Macedo. **Ambiente virtual de aprendizagem**: Conceitos, normas, procedimentos e práticas pedagógicas no ensino à distância. São Paulo: Érica, 2014.

MICHAELSEN L., PARMELEE D., McMAHON K., LEVINE R. Team-Based Learning for Health Professions Education: A Guide to Using Small Groups to Improving Learning. 1st ed. Stylus Publishing; Sterling, VA, USA: 2008. pp. 1–229.

MONTESSORI, Maria. **O segredo da Infância**. Campinas: Kirion, 2019.

MORAN, José. Mudando a Educação com Metodologias Ativas. In: **Coleção Mídias Contemporâneas**. Convergências Midiáticas, Educação e Cidadania: aproximações jovens. Vol. II. Carlos Alberto de Souza e Ofelia Elisa Torres Morales (orgs.). PG: Foca Foto-PROEX/UEPG, 2015. Disponível em http://www2.eca.usp.br/moran/wp-content/uploads/2013/12/mudando_moran.pdf. Acesso em 10 ago. 2022.

MORIN, Edgar. **Os Sete Saberes Necessários à Educação do Futuro**. 3ª ed. São Paulo: Cortez, Brasília, 2001.

MORIN, Edgar. **Introdução ao pensamento complexo**. Porto Alegre: Sulina, 2007.

NÓVOA, António. **A Pandemia de COVID -19 e o futuro da Educação**. Entrevista na Revista Com Censo #22, volume 7, número 3, agosto 2020. Disponível em: http://webcache.googleusercontent.com/search?q=cache:V5UuEdfEVZkJ:www.periodicos.se.df.gov.br/index.php/comcenso/article/download/905/551+&cd=19&hl=pt-BR&ct=clnk&gl=br Acesso em 10 ago. 2022.

NÓVOA, António. **Aprendizagem precisa considerar o sentir.** Revista Educação, 2021. Disponível em: https://revistaeducacao.com.br/2021/06/25/antonio-novoa-aprendizagem-sentir/ Acesso em 10 ago. 2022.

PEREIRA, Adriana Lenho de Figueiredo. As tendências pedagógicas e a prática educativa nas ciências da saúde. **Cad. Saúde Pública** [online]. 2003, vol. 19, n. 5, pp. 1527-1534. ISSN 1678-4464. https://doi.org/10.1590/S0102-311X2003000500031. Acesso em 10 ago. 2022.

PERRENOUD, Philippe. **Dez novas competências para ensinar** / Philippe Perrenoud; trad. Patrícia Chittoni Ramos. – Porto Alegre: Artmed, 2000.

PIAGET, Jean. **A linguagem e o pensamento da criança**. 7. ed. São Paulo: Martins Fontes, 1999.

QUEIROZ, A. PBL, problemas que trazem soluções. **Revista Psicologia, Diversidade e Saúde,** Salvador, dez. 2012; 1(1): 26-38. Disponível em: https://www.researchgate.net/publication/290113803_PBL_PROBLEMAS_QUE_TRAZEM_SOLUCOES Acesso em 10 ago. 2022.

SEFTON, Ana Paula; GALINI, Marcos Evandro. **Gestão educacional transformadora**: guia sobre intraempreendedoríssimo, estratégia e inovação. 1º ed. Curitiba: CRV, 2020.

SERRA, F., VIEIRA, P. S. **Estudos de casos** – como redigir, como aplicar. São Paulo: Lab, 2006.

SHULMAN, Lee. **Conocimiento y Enseñanza**: fundamentos de la nueva reforma. profesorado. Revista de currículum y formación del professorado. v. 9. n. 2. 2005.

SMOLE, Kátia C. S. **Avaliação**: Uma longa caminhada na busca por respostas. Disponível em: https://mathema.com.br/artigos/avaliacao-uma-longa-caminhada-na-busca-por-respostas/ Acesso em 10 ago. 2022.

SMOLE, Kátia C. S. **Avaliação Formativa.** Debate com educadores. Iungo Convida, maio, 2020. Disponível em: https://iungo.org.br/material/katia-smole-debate-avaliacaoformativa/#:~:text=Como%20voc%C3%AA%2C%20que%20est%C3%A1%20na,Convida%20em%20maio%20de%202020 Acesso em 10 ago. 2022.

SOUZA, S. C.; DOURADO, L. **Aprendizagem baseada em problemas (ABP)**: um método de aprendizagem inovador para o ensino educativo. **Holos**, Natal, v. 5, p. 182-200, 2015. Disponível em: http://www2.ifrn.edu.br/ojs/index.php/HOLOS/article/view/2880/. Acesso em 10 ago. 2022.

VALENTE, J. A. **Blended learning e as mudanças no ensino superior:** a proposta da sala de aula invertida. Educar em Revista, Curitiba, Brasil, Edição Especial n. 4/2014, p. 79-97. Editora UFPR 7. Available from: < http://www.scielo.br/pdf/er/nspe4/0101-4358-er-esp-04-00079.pdf>. Acesso em 10 ago. 2022.

VEIGA, Ilma P. A. (Org.). **Lições de avaliação**. Campinas, SP: Papirus, 2006.

VIGOTSKI, L. S. **Pensamento e linguagem** São Paulo: Martins Fontes, 2005.

VILLAS BOAS, Benigna. M. de F. **Portfólio, avaliação e trabalho pedagógico**. Campinas, SP: Papirus, 2015.

YUS, Rafael. **Educação integral** – uma educação holística para o século XXI. Porto Alegre: Artmed, 2002.

ZABALA, Antoni. **A Prática Educativa**: Como ensinar. Tradução Ernani F. da F. Rosa. Porto Alegre: Artmed, 1998.

Anexos

1. Mapa de Planejamento das Metodologias Ativas – Educação Infantil

créditos: Dra. Ana Paula Sefton e Me. Marcos Gallini

MAPA DE PLANEJAMENTO
METODOLOGIAS ATIVAS - Educação Infantil

Criado para quem: | Criado por quem: | Período (data):

- 01 Grupo por faixa etária
- 02 Direitos de aprendizagem
- 03 Campos de experiência
- 04 Objetivos de Aprendizagem e Desenvolvimento
- 05 Persona
- 06 Proposta de Valor
- 07 Atividades Principais
- 08 Conhecimento prévio
- 09 Ferramentas e Métodos Ativos
- 10 Ações Interdisciplinares
- 11 Avaliação Processual
- 12 Revisão do Planejamento

Ferramenta Visual e prática de planejamento da atuação baseada em Metodologias Ativas e na BNCC, com foco em visão sistêmica e ações essenciais para a Educação Infantil.

2. Mapa de Planejamento das Metodologias Ativas – Ensino Fundamental

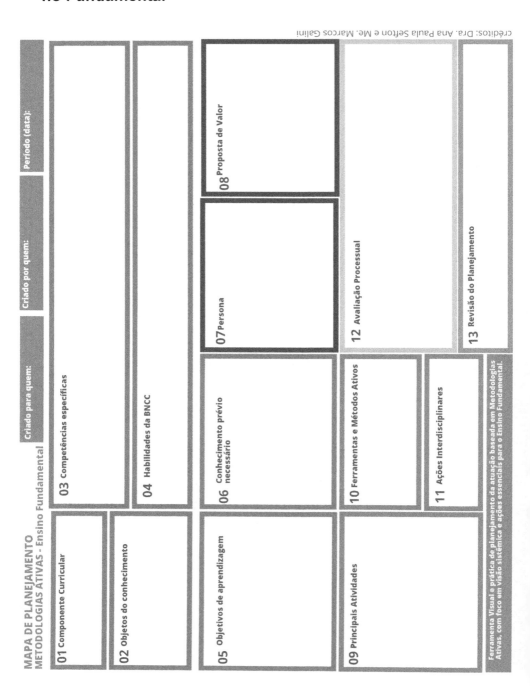

Anexos

3. Mapa de Planejamento das Metodologias Ativas – Ensino Médio

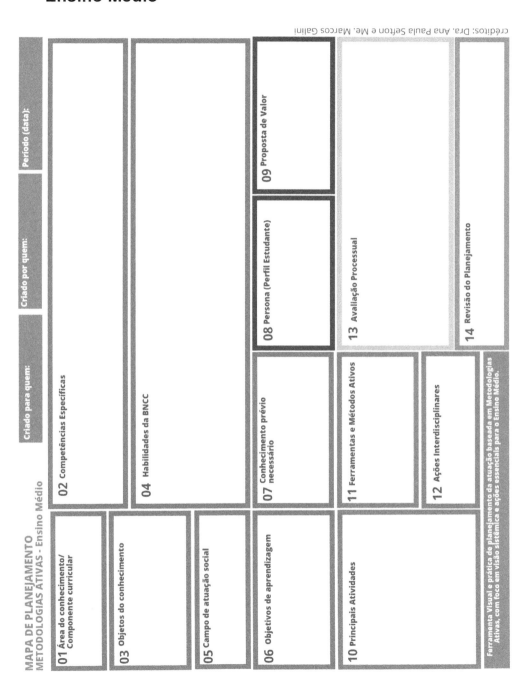

4. Mapa de Planejamento das Metodologias Ativas – Ensino Superior

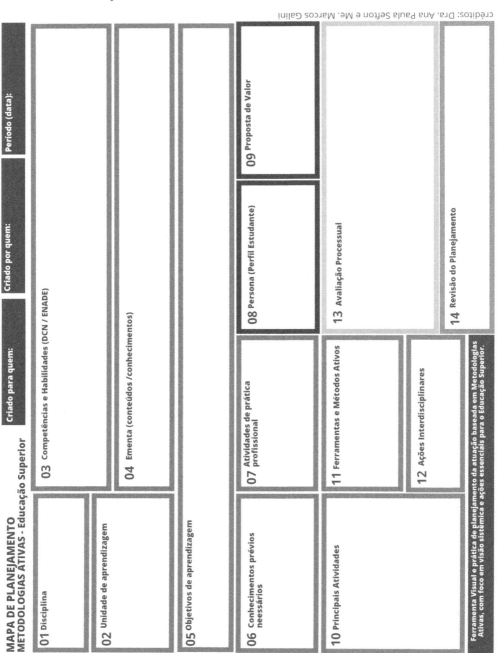